LE LIVRE D'ORDRES

D'UN

RÉGIMENT DE CAVALERIE

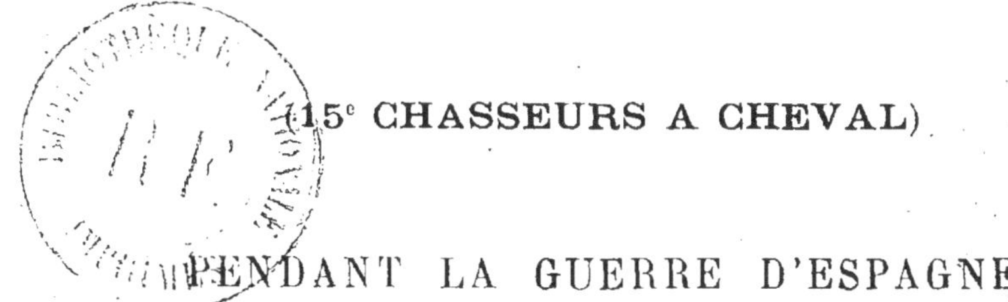

(15ᵉ CHASSEURS A CHEVAL)

PENDANT LA GUERRE D'ESPAGNE

1812-1813

LIBRAIRIE MILITAIRE BERGER-LEVRAULT ET Cⁱᵉ

Éditeurs de la « Revue de cavalerie »

PARIS | NANCY
5, RUE DES BEAUX-ARTS | 18, RUE DES GLACIS

1894

LE LIVRE D'ORDRES

D'UN

RÉGIMENT DE CAVALERIE

(15ᵉ CHASSEURS A CHEVAL)

PENDANT LA GUERRE D'ESPAGNE

1812-1813

LIBRAIRIE MILITAIRE BERGER-LEVRAULT ET Cⁱᵉ

Éditeurs de la « Revue de cavalerie »

PARIS	NANCY
5, RUE DES BEAUX-ARTS	18, RUE DES GLACIS

1894

LE LIVRE D'ORDRES

D'UN RÉGIMENT DE CAVALERIE

(15ᵉ CHASSEURS A CHEVAL)

PENDANT LA GUERRE D'ESPAGNE

1812-1813

AVANT-PROPOS.

Au livre Iᵉʳ de *Servitude et grandeur militaires*, Alfred de Vigny dit que son père lui racontait ses longues guerres, avec l'observation profonde d'un philosophe et la grâce d'un homme de cour. Par lui, il connaissait intimement Louis XV et le grand Frédéric. « Je n'affirmerais pas que je n'aie pas vécu de leur temps, familier comme je le fus avec eux par tant de récits de la guerre de Sept-Ans. »

L'accueil, fait aux mémoires militaires publiés en ces derniers temps, prouve l'intérêt qui s'attache au récit des campagnes de la Révolution et de l'Empire, époque féconde en événements dont on ne saurait trop reproduire exactement la physionomie. Grâce à quelques écrivains, qui ont pris une part plus ou moins grande à la tourmente et à l'épopée, on peut, comme Alfred de Vigny, suivre les armées, non sur les champs d'Hastembeck, de Rosbach et de Leuthen, mais dans les étapes qu'elles ont parcourues triomphalement, à travers l'Europe, pour venir succomber héroïquement à Waterloo. Les auteurs de ces mémoires n'ont pas toujours, il est vrai, fait preuve de philosophie et d'impartialité dans leurs appréciations sur les personnes et les événements. Aussi est-on tenté d'appliquer à quelques-uns d'entre eux ce passage des *Études historiques* de Chateaubriand : « Celui-ci se croit obligé de raconter comment, tout pénétré des dernières marques de la confiance de son maître, tout chaud de ses embrassements, il a juré obéissance à un autre maître ; il vous fera entendre qu'il n'a trahi que pour trahir mieux ; celui-là vous expliquera comment il approuvait tout haut ce qu'il détestait tout bas, ou comment il poussait aux ruines sous lesquelles il n'a pas eu le courage de se faire écraser. »

Quoi qu'il en soit, toute justice doit être rendue aux hommes de mérite qui ont enrichi la collection des mémoires militaires de la France de documents intéressants à consulter et dont les ouvrages renferment des pages nettement écrites.

D'autres auteurs se sont attachés à reproduire sincèrement ce qu'ils ont vu et éprouvé. Leur éducation et la position qu'ils occupaient dans l'armée les ont prémunis contre le danger de commenter les principes de la grande guerre, de porter des appréciations sur le caractère et la conduite de chefs dont ils ne parlent, et rarement encore, qu'au point de vue des qualités professionnelles. Avec entrain et bonne humeur, sans aucune recherche de style et encore moins d'effets, ils écrivent, en vrais soldats, pour raconter leur existence mouvementée, des épisodes des batailles et combats auxquels ils ont assisté. Coignet, Dupuy, Parquin sont de cette école. Leurs souvenirs consolent de la lecture de certaines productions plus ou moins littéraires, où la fiction, échafaudée sur des arguments artificiels et des renseignements fantaisistes, tient une place vraiment trop importante.

Mais il est une autre manière de reconstituer la vie réelle d'un régiment en campagne pendant cette glorieuse épopée. C'est de mettre sous les yeux du lecteur une série d'ordres tels qu'ils ont été dictés au jour le jour par le colonel. Le 15ᵉ de chasseurs à cheval possède l'original du Livre d'ordres de ce régiment, de 1812 à 1813. Il le doit à la gracieuseté de M. le colonel Moinot-Verly, commandant le 106ᵉ d'infanterie, qui en a fait don au corps. Nous reproduisons, ci-après, tous les « ordres du régiment » de ce livre qui embrasse une période pendant laquelle le 15ᵉ de chasseurs faisait partie de l'armée du Nord de l'Espagne. Nous y joignons une série de documents concernant le combat de *Villadrigo* où ce régiment s'est couvert de gloire le 23 octobre 1812, enfin les ordres de la brigade et de la division, etc., du livre original conservé précieusement à la bibliothèque du 15ᵉ de chasseurs.

Pampelune, le 28 février 1812.

Ordre du jour[1].

Le régiment se tiendra prêt à partir armes et bagages. — MM. les commandants de compagnie s'assureront par eux-mêmes que tous les chevaux disponibles de leur compagnie seront montés. S'il se trouve des chevaux de main dans les compagnies, ils seront montés par des hommes à pied.

Les chevaux indisponibles de la compagnie d'élite, qui se trouvent à l'infirmerie, seront pansés par les hommes à pied des autres compagnies. M. le capitaine Blondel est chargé de l'exécution de ce dernier article.

MM. les officiers sont libres de laisser leurs bagages à Pampelune. Il leur est expressément défendu de se servir d'un chasseur monté pour conduire leurs chevaux de main.

Les maréchaux des logis en chef resteront à Pampelune, près de l'officier payeur, pour travailler à la comptabilité, et tous les effets du casernement seront retirés par leurs soins au moment du départ du régiment. Ils les feront réunir dans une des chambres de leur quartier et en deviendront responsables.

Il leur sera fourni une garde par M. le capitaine Blondel, s'ils le jugent convenable, pour la sûreté desdits effets. Dans le cas où le régiment ne reviendrait pas à Pampelune, ces effets seront rendus aux caserniers dont on tirera les reçus.

Le commandant du régiment,

Signé : Debelle.

Ordre du 8 avril 1812.

Demain, 9 du courant, le régiment montera à cheval en grande tenue. Le commandant du régiment recommande la plus grande propreté. MM. les commandants de compagnie feront rentrer de l'infirmerie tous les chevaux dans le cas d'être montés, et le reste des chevaux de l'infirmerie resteront à l'écurie.

Tout le monde sans exception paraîtra à la revue, à l'exception des hommes éclopés, qui seront répartis dans tous les quartiers pour les garder pendant la revue.

MM. les commandants de compagnie désigneront pour demain, à 10 heures du matin, le nombre d'hommes par compagnies pour être renvoyés en France.

---

1. Les régiments ignoraient alors l'existence de ce que l'on appelle, aujourd'hui, *le Livre de décisions*. Le *Livre d'ordres* comprenait toutes les prescriptions relatives aux différentes branches du service.

Savoir :

	Éclopés.	A pied.
Élite	2	»
5ᵉ	3	17
2ᵉ	»	11
6ᵉ	»	18
3ᵉ	2	17
7ᵉ	4	25
	11	88

L'état en sera dressé nominatif par compagnie.

MM. les commandants de compagnie choisiront les hommes les moins propres à la guerre et les présenteront au colonel du régiment à la revue.

Les commandants de compagnie présenteront aussi, demain à la revue, quatre hommes par compagnie, pris dans les maréchaux des logis, brigadiers et chasseurs ayant 5 pieds 4 pouces, six ans de service et deux campagnes et d'une conduite sans reproches. Ces hommes sont destinés pour entrer dans la Garde impériale.

L'heure à laquelle le régiment montera à cheval sera indiquée dans chaque quartier. Le régiment se réunira hors de la porte de Tafalla, sur la droite de la route. Tous les hommes à pied seront placés à la gauche du régiment. MM. les commandants de compagnie sont responsables de la tenue et de la propreté de leur compagnie.

Le commandant du régiment,
DEBELLE.

Ordre du jour du 9 avril 1812.

De par S. M. l'Empereur et Roi, MM. les chefs d'escadrons, capitaines, lieutenants et sous-lieutenants, sous-officiers, brigadiers, trompettes et chasseurs, vous reconnaîtrez M. le chevalier Faverot pour colonel du régiment, vous lui obéirez, servirez en tout ce qu'il vous commandera pour le service de Sa Majesté.

Le chef d'escadrons commandant le régiment,
Signé : DEBELLE.

Pampelune, le 10 avril 1812.

Ordre du jour du 10 avril.

Les capitaines-commandants de compagnie me feront remettre à 2 heures après midi l'état nominatif des hommes à qui il est dû des vestes d'écurie, des culottes hongroises et caleçons. Ils indiqueront à la colonne d'observations ceux qui se trouvent compris dans le cadre du 4ᵉ escadron. Il sera délivré du magasin des bottes aux hommes qui en manquent ou ont besoin de les remplacer. Ces bottes seront payées sur la masse de linge et chaussure, chaque capitaine me fera présenter des bons de la quantité qu'il lui en faut.

Le colonel commandant le régiment,
Signé : Ch^{er} FAVEROT.

Ordre du 12 avril 1812.

Aujourd'hui, à 11 heures, les chevaux qui n'ont pas été montés ce matin seront conduits à la promenade par le capitaine de police et les officiers et sous-officiers de semaine.

L'appel du pansage se fera à 1 heure. Les capitaines y réuniront toute leur compagnie et y passeront la revue des étrilles, brosses, éponges, ciseaux, peignes, musettes, sacs à distribution, besaces à renfermer l'habit d'uniforme. Ils me remettront à 4 heures un état sommaire des effets manquants.

Demain matin, à 7 heures et demie, les capitaines réuniront leur compagnie pour constater, le plus exactement possible, la quantité d'effets de toute espèce qui existe en habillement, grand et petit équipement, armement et harnachement. Ils m'adresseront un état sommaire dans lequel chaque nature d'effets sera divisée en bon, à réparer, hors de service. Il est bien entendu que les effets des hommes aux hôpitaux ou absents y seront compris. Cet état me sera remis au rapport du 14.

Je recevrai le rapport général chaque jour à 9 heures et demie. Le capitaine de police, le chirurgien-major et l'officier d'habillement me feront le leur à la même heure.

Tous les ouvriers du régiment sont mis à la disposition de M. le lieutenant Mairet. Ceux qu'il emploiera seront, en conséquence, exempts de tout service jusqu'à nouvel ordre.

A l'avenir, le pansage du matin se fera à 5 heures et demie et celui du soir à 2 heures.

Après 10 heures du matin, les officiers et sous-officiers seront en tenue et armés. Il sera consigné à tous les postes de police des quartiers de ne laisser sortir aucun chasseur qui ne soit dans la tenue ordonnée. Les maréchaux des logis de service en seront responsables. Les officiers seront également responsables de la tenue des chasseurs employés près eux.

Tous les soirs, un quart d'heure avant la retraite, le brigadier trompette réunira, au grand quartier, tous les trompettes présents et les conduira en ordre sur la place d'armes pour y sonner la retraite. Ils seront coiffés et armés pour ce moment-là seulement. Ils seront ramenés dans le même ordre au grand quartier pour y répéter la même sonnerie.

J'invite les officiers à bien se pénétrer de toutes les obligations que les règlements leur imposent. J'en exigerai la stricte exécution. Les officiers de service et les sous-officiers doivent se trouver à leur compagnie à l'heure de la soupe ; le capitaine de police doit s'en assurer. Les sous-officiers de semaine doivent toujours être présents au quartier.

Je reconnais déjà un trop bon esprit au 15° régiment de chasseurs pour n'être pas persuadé du zèle que chacun mettra à remplir son devoir. — Les chasseurs Saverot de la 5° compagnie, Fusé de la 2°, Bastide de la 3° et Steinback de la 7° passeront dans la compagnie d'élite, les trois premiers montés.

Le colonel,
Ch^{er} FAVEROT.

Ordre du 11 avril 1812.

Les grands et petits crins seront faits à tous les chevaux de troupe dans la journée de demain.

Demain, à 4 heures après midi, je passerai la revue des armes, à pied. Les sous-officiers et chasseurs y présenteront leurs pistolets. Les capitaines veilleront à ce que les armes soient dans le meilleur état de propreté. La troupe sera en tenue d'écurie avec le fourniment. Les sous-officiers et chasseurs resteront consignés au quartier jusqu'après la revue.

La tenue d'écurie consiste pour les chasseurs dans le bonnet de police, le gilet d'écurie et le pantalon de toile. La grande tenue sera le schako, le surtout, le gilet d'ordonnance et la culotte hongroise. La troupe sera toujours en tenue d'écurie à moins d'ordres contraires.

A tous les appels pour le pansage du soir, les sous-officiers seront armés, les chasseurs auront leurs bottes graissées, leur veste d'écurie battue et brossée, leur bonnet de police nettoyé. On leur fera toujours quitter le bonnet de police et la veste pendant le pansage.

Le sellier commencera demain la réparation du harnachement des chevaux de la compagnie d'élite. Une partie des selles lui sera portée ce soir.

Je recommande à MM. les capitaines la plus prompte exécution des ordres de détail que je leur ai donnés ce matin.

Le colonel,
Signé : Ch^{er} FAVEROT.

Tous les ordres qui suivent étant signés du colonel Faverot, on ne donnera que la date de leur publication.

13 avril 1812. — MM. les capitaines feront remplacer sur-le-champ aux chasseurs, et à leur compte, les effets d'écurie, sacs à distribution et besaces qui leur manquent.

Après le remplacement fait de tous les boutons qui manquent, soit aux surtouts, soit aux vestes d'écurie, les commandants de compagnie exigeront que les chasseurs en aient toujours une demi-douzaine dans le porte-manteau pour qu'ils puissent, dans toutes les circonstances, remplacer ceux qui pourraient manquer.

Je n'ai point été satisfait à ma revue d'hier de la tenue des armes en général, j'ai remarqué avec peine que celles des sous-officiers et brigadiers, qui devraient en tout donner l'exemple, étaient mal entretenues. La journée d'aujourd'hui et celle de demain seront consacrées à les approprier. Les capitaines tiendront la main à ce que dans toutes les circonstances possibles elles soient maintenues dans un état brillant de propreté.

14 avril. — Le brigadier Autier, de la 5ᵉ compagnie, est nommé maréchal des logis dans la 2ᵉ en remplacement du sieur Milot, passé à la Garde impériale ; il y entrera monté.

Le chasseur Clause, de la 6ᵉ compagnie, est nommé brigadier dans la 2ᵉ en remplacement du sieur Chevillot, passé à la Garde impériale ; il y entrera monté.

Le brigadier Bigot, de la 3ᵉ compagnie, est nommé maréchal des logis en remplacement du sieur Cambronne, passé à la Garde impériale.

15 avril. — MM. les officiers se procureront, le plus tôt qu'il sera possible, des bonnets de police, qu'ils seront autorisés à porter le matin, jusqu'à 10 heures. Le bonnet sera de la même forme que celui des chasseurs ; il sera garni d'un galon dit à la hussarde et d'un gland d'argent. Le galon sera de la longueur de 20 lignes pour les officiers supérieurs, 15 lignes pour les capitaines et 12 lignes pour les lieutenants et sous-lieutenants.

La tenue des officiers est fixée, jusqu'à nouvel ordre, ainsi qu'il suit, savoir :

L'habit-surtout.

Le gilet orange gancé en argent.

La culotte hongroise verte galonnée suivant le grade.

Les bottes galonnées, éperons bronzés.

La giberne telle qu'elle existe, les gants peau de daim ou de chamois, passés au jaune.

La dragonne en or, à cordon.

En petite tenue :

Le schako, l'habit-veste avec pattes orange surmontées d'un bouton et passe-poil orange au collet, passe-poil orange aux parements. Losange avec un bouton au retroussis, la culotte hongroise de drap ou casimir uni. Le pantalon de cheval sera de drap gris avec bandes orange. Les bottes seront noires avec éperons bronzés. Les gants jaunes, dragonne de soie noire.

16 avril. — Le régiment prendra les armes à pied et en grande tenue, aujourd'hui à midi, pour passer l'inspection. Les officiers seront en petite tenue.

17 avril. — A l'avenir, le régiment ne mangera la soupe, le matin, que lorsque toutes les distributions seront faites ; elles seront, autant que possible, terminées avant 10 heures. A cette heure, il sera fait un appel dont les officiers de semaine feront leur rapport au capitaine de police ; aussitôt l'appel fait, on sonnera pour la soupe.

18 avril. — Le régiment prendra les armes à pied, et en grande tenue, à une heure après midi pour passer l'inspection.

19 avril. — M. le chef d'escadrons Debelle a été fort mécontent de la conduite des 5ᵉ et 7ᵉ compagnies au détachement qu'elles ont fait hier. Elles seront, par punition, consignées au quartier pendant 4 jours.

20 avril. — M. le lieutenant Roux fera les fonctions d'adjudant-major jusqu'à la rentrée de M. l'adjudant-major Caudet.

Le maréchal des logis en chef Gérard sera chargé, jusqu'à nouvel ordre, du service d'adjudant.

23 avril. — L'artiste vétérinaire fera, aujourd'hui, après le pansage du soir, la visite des ganaches de tous les chevaux qui sont présents à Pampelune. Cette visite aura lieu, à l'avenir, tous les samedis à la même heure. Il sera rendu compte du résultat par les officiers de semaine au capitaine de police.

24 avril. — MM. les officiers auront désormais en dépôt, à la caisse du régiment, une masse destinée à pourvoir à leur habillement et à l'achat des effets d'uniforme.

Cette masse se formera au moyen de retenues sur leurs appointements ou sur le traitement de la Légion d'honneur. La quotité de cette retenue sera fixée suivant les circonstances.

La masse du colonel et du major sera de 1,200 fr., celle des chefs d'escadrons de 1,000 fr., celle des capitaines de 800 fr., celle des lieutenants de 600 fr., celle des sous-lieutenants de 500 fr.

Tout officier, dont la masse sera complétée, recevra le décompte de l'excédent au premier jour de chaque trimestre.

Le quartier-maître pour les officiers employés au dépôt et l'officier-payeur pour ceux employés aux escadrons de guerre ouvriront un compte à chacun d'eux ; ce compte sera vérifié et signé par eux tous les trois mois et plus souvent s'ils le désirent.

Au moyen de ces fonds déposés à la caisse, il sera tiré directement des manufactures, des draps, boutons, galons, épaulettes, etc., etc.

Aucun officier ne pourra recevoir du magasin du régiment des draps ou autres objets s'il n'a au moins à la caisse la valeur de l'objet qu'il désire.

La somme que chaque officier aura en dépôt à la caisse pourra être mise à sa disposition pour achat de chevaux, dans le cas de pertes d'équipages, ou enfin dans toute autre circonstance où le colonel le jugera utile.

26 avril. — Il y aura revue de propreté à pied, en grande tenue, aujourd'hui dimanche à midi.

27 avril. — A l'avenir, tous les chasseurs employés auprès des officiers, sans aucune exception, seront présents à toutes les revues et inspections.

Les maréchaux-ferrants porteront désormais le porte-carabine comme les autres chasseurs. Les capitaines qui n'en auraient pas à leur disposition me le feront connaître au plus tôt.

28 avril. — Les capitaines feront acheter à tous les sous-officiers de leur compagnie des coiffes de schako de toile unie verte, de la forme de celles dont quelques-uns sont déjà pourvus. En petite tenue, ils porteront à l'avenir le schako couvert ; le schako sera, dans tous les cas, garni du pompon.

Les chasseurs Putz et Dumont de la 2e compagnie, Graling de la 3e, seront mis en prison pour quinze jours pour avoir garrotté leurs chevaux. Je punirai toujours très rigoureusement les hommes qui, par négligence ou défaut de soin, blesseront le leur. J'invite les officiers et les sous-officiers à la plus grande surveillance à cet égard. Ce ne peut être que parce qu'ils en ont manqué que plusieurs chevaux, rentrés hier, sont aussi grièvement blessés.

Toutes les fois que l'on montera à cheval pour quelque service que ce soit, ce sera avec armes et bagages. Le cheval sera en conséquence chargé de tous les effets de l'ordonnance. Le sac à distribution se portera toujours en besace sur le siège de la selle, excepté en grande tenue pour les inspections et parades. Alors il sera plié et placé entre le porte-manteau et le sac qui renferme l'habit et le bonnet de police. Ce sac doit être chargé de manière à être le moins apparent possible ; il faut pour cela le chasser plus qu'on ne le fait sous la cuillère à pot.

Les boucles des courroies de charge doivent être placées à la même hauteur, à deux travers de doigt au-dessus de la couture du porte-manteau.

Les musettes ne doivent jamais être apparentes. Il ne faut pas qu'elles dépassent le bout du manteau.

29 avril. — La 7e compagnie prendra les armes, à pied et en grande tenue, aujourd'hui à midi et demi pour passer l'inspection. Demain le chirurgien-major visitera tous les chasseurs du régiment pour reconnaître ceux qui seraient atteints de la gale. La visite du 3e escadron se fera à 5 heures et demie du matin, celle des hommes employés à l'infirmerie à 1 heure après midi. Les capitaines donneront des ordres pour que tous les chasseurs sans exception paraissent à cette visite. Le chirurgien-major me remettra une note sommaire par compagnie du nombre d'hommes qu'il aurait reconnus galeux.

Demain, dans la matinée, les compagnies feront avec la 7e l'échange de ceinturons que j'ai ordonné à ma revue du 19 de ce mois.

30 avril. — On s'occupera, aujourd'hui, dans les compagnies, de travaux de propreté pour passer l'inspection demain à l'heure qui sera indiquée.

Au pansage du soir, l'artiste vétérinaire fera la visite des ganaches de tous les chevaux des cinq compagnies rentrées hier. Il reconnaîtra aussi ceux qui seraient blessés et susceptibles de passer à l'infirmerie ; il remettra son rapport par écrit au chef d'escadrons de semaine et y indiquera le genre de blessure de chaque cheval.

Les commandants de compagnie seront tenus, à l'avenir, d'être présents au pansage du soir.

Toutes les fois qu'ils auront quelques demandes à me faire relativement au service, ils les feront porter sur le rapport général du jour. Il sera utile, en outre, dans beaucoup de cas, qu'ils se donnent la peine de venir chez moi à l'heure du rapport.

Quand le régiment sera en marche, tous les officiers et sous-officiers seront constamment de service. Il en sera de même dans tous les détachements qui sortiront de la place.

Les commandants de compagnie feront acheter pour leurs trompettes des coiffes de schako en toile cirée comme celles que portent les sous-officiers. Les trompettes auront toujours les schakos couverts, excepté en grande tenue.

Le maréchal des logis Brichon, de la 6° compagnie, est cassé de son grade pour inconduite continuelle et particulièrement pour s'être enivré étant de service et en présence de l'ennemi. Il est défendu de le reconnaître à l'avenir pour maréchal des logis et de lui obéir en cette qualité. Il sera mis en prison pendant quinze jours et reprendra ensuite le service de chasseur à la gauche de sa compagnie.

30 avril. Supplément à l'ordre. — Un détachement de 150 chevaux, commandé par M. le chef d'escadrons Debelle, partira demain, de cette place (*Pampelune*), à 4 heures du matin.

Il sera composé, savoir :

De la 5ᵉ compagnie. . .	25 hommes montés.	
— 6ᵉ —	. . . 50	—
— 3ᵉ —	. . . 25	—
— 7ᵉ —	. . . 50	—

Tous les officiers appartenant à ces compagnies partiront, à l'exception de MM. Mairet, Lancelot et Bové, lequel sera chargé du service au 3° escadron pendant l'absence du détachement.

Le détachement aura le pain pour un jour. MM. les officiers peuvent se dispenser d'emmener leurs équipages.

Le chasseur Mauffrey, de la 6° compagnie, est nommé brigadier dans la 3ᵉ et passe monté.

1ᵉʳ mai. — Le maréchal des logis Bribard, de la 2ᵉ compagnie, passera dans son grade à la compagnie d'élite en remplacement de M. Leguay fait officier. Il y entrera monté.

Le chasseur Lanoy de la 5e passera monté dans la compagnie d'élite.

2 mai. — A dater de ce jour, il est expressément défendu aux sous-officiers et chasseurs de se couper les cheveux.

Demain à midi, il y aura revue de propreté à pied et en grande tenue.

4 mai. — Le brigadier Mann, de la 3e compagnie, est nommé maréchal des logis dans la 2e en remplacement du sieur Bribard, passé à la compagnie d'élite.

Le fourrier Deliguy de la 7e est nommé maréchal des logis dans la 6e en remplacement de Brichon, cassé de son grade.

Le brigadier Martin de la 7e est nommé brigadier fourrier dans la même compagnie en remplacement du sieur Deligny, passé maréchal des logis.

8 mai. — M. Moron, sous-lieutenant de la 2e compagnie, est aux arrêts de rigueur jusqu'à nouvel ordre pour avoir désobéi à l'un de ses supérieurs et lui avoir tenu des propos malhonnêtes.

A dater de demain, le rapport général se fera chez le colonel à 9 heures du matin.

9 mai. — A dater d'aujourd'hui, le pansage du matin se fera à cinq heures, celui du soir à trois.

11 mai. — M. Naud, adjudant sous-officier, est nommé sous-lieutenant par décret de S. M. du 6 avril dernier. Il comptera dans la 5e compagnie en cette qualité. Il est ordonné à tous les sous-officiers et chasseurs de le reconnaître et de lui obéir en tout ce qu'il commandera pour le service de S. M.

M. Gérard, maréchal des logis en chef de la compagnie d'élite, est nommé adjudant sous-officier, en remplacement de M. Naud. Il est ordonné à tous les maréchaux des logis en chef, maréchaux des logis, brigadiers fourriers, brigadiers, trompettes et chasseurs de le reconnaître pour tel et de lui obéir dans tout ce qu'il commandera en cette qualité pour le service de S. M.

Le chasseur Schatz, de la 2e compagnie, passera monté dans la compagnie d'élite, demain 12 mai.

M. Barbier, sous-lieutenant de la 5e compagnie, passera à la compagnie d'élite à dater de ce jour.

12 mai. — Le chasseur Vausen, de la 2e compagnie, comptera dans la compagnie d'élite à dater de demain 13 du courant et y entrera à pied.

13 mai. — *De l'ordre à observer dans les marches et détachements.* — Toutes les fois que l'on sonnera à cheval inopinément, chaque homme sellera, chargera, bridera et montera à cheval le plus promptement possible pour aller au rendez-vous général. Chaque fois, au contraire, que la sonnerie du boute-charge aura précédé celle d'à cheval, tout officier ou sous-officier réunira sa subdivision ou escouade à pied, la fera monter à cheval par les commandements, en fera l'appel, l'inspectera et la conduira au rendez-vous de la compagnie ; le capitaine conduira sa compagnie au rendez-vous général du régiment, après l'avoir inspectée lui-même. Si l'on monte à cheval le jour, il rendra compte à qui de droit de l'appel et de son inspection.

Il sera toujours fait dans les marches des haltes fréquentes pour que les hommes puissent satisfaire à leurs besoins ; hors les moments de halte, il est défendu à qui que ce soit de mettre pied à terre sans en avoir obtenu la permission du commandant du régiment ou du détachement. Dans ce cas, le cheval du sous-officier ou du chasseur auquel on aura permis de mettre pied à terre, suivra la colonne tenu par son chef de file.

Aucun officier ou sous-officier ne pourra quitter la place qu'il occupe dans la colonne.

Les sous-officiers et chasseurs ne pourront mettre ou plier leurs manteaux que sur l'ordre du commandant du régiment.

Dans les marches on portera la carabine à la botte. A moins d'ordres contraires, tout détachement commandé pour aller en reconnaissance, en éclaireurs ou en tirailleurs, la portera au crochet jusqu'à sa rentrée.

A l'arrivée au logement, on observera, pour mettre pied à terre, les mêmes règles que pour monter à cheval, c'est-à-dire que chaque capitaine conduira sa compagnie, ou chaque officier ou sous-officier sa subdivision dans l'emplacement qu'elle doit occuper et lui fera mettre pied à terre par les commandements.

Il est expressément défendu aux officiers et sous-officiers d'aller à leur logement avant que toute leur troupe soit placée et qu'ils se soient assurés que les écuries sont convenables et suffisantes.

Tant que les circonstances le permettront, les capitaines réuniront leur compagnie pour le pansage et la feront conduire à l'abreuvoir en ordre.

Tous les sous-officiers logeront constamment avec leurs subdivisions ou escouades ; ils pourront se réunir pour manger, mais coucheront toujours avec leur troupe.

Les officiers seront, autant que possible, logés près de leur compagnie.

Chaque jour, l'adjudant recevra de chaque compagnie un rapport signé du capitaine ; on y fera mention des hommes et des chevaux présents au moment du départ. Si ce rapport n'a pas été rédigé au moment de l'appel, il le sera à la première halte.

MM. les officiers feront exécuter très correctement les détails ci-dessus et s'y conformeront pour ce qui les concerne.

Supplément à l'ordre du 13 mai. — Le sieur Perron, maréchal des logis en chef de la 6ᵉ compagnie, passera dans son grade à la compagnie d'élite en remplacement du sieur Girard. Il y entrera à pied.

Le chasseur Vanderlich, de la 3ᵉ compagnie, passera à pied à la compagnie d'élite.

Le chasseur Bonneto, de la compagnie d'élite, sera mis en prison pour 15 jours pour avoir commis un vol d'effets dans le détachement qu'il a fait hier. Il sortira de la compagnie d'élite et prendra son service à gauche de la 6ᵉ compagnie, à pied.

14 mai. — Le prix à payer par MM. les officiers aux tailleurs du régiment pour façon de leurs effets d'habillement est fixé, jusqu'à nouvel ordre, ainsi qu'il suit :

Habit-surtout et habit-veste à revers.	6ᶠ »
Habit-veste sans revers.	5 »
Frac.	4 50
Gilet galonné.	4 50
Gilet uni.	2 50
Pantalon de cheval en drap.	6 »
Culottes hongroises galonnées pour capitaine.	6 »
— — pour lieutenant.	5 »
— — pour sous-lieutenant.	4 50
Culotte unie.	4 »
Caleçon.	1 »
Lévite.	7 »
Capote-manteau.	8 »
Bonnet de police galonné.	2 50

15 mai. — A l'avenir, à tous les pansages, dès que l'appel sera fait et les chevaux sortis, l'officier de semaine fera mettre dans les musettes l'avoine du repas des chevaux. Ces musettes seront placées et réunies dans un coin de l'écurie jusqu'au moment de la donner. Tous les officiers de service pourront, par ce moyen, s'assurer très facilement que les chevaux reçoivent à chaque repas la quantité d'avoine voulue. Le chef d'escadrons de semaine surveillera particulièrement l'exécution de cet ordre.

Le chirurgien-major visitera, demain matin à cinq heures, tous les hommes qui n'ont pas été vus à la dernière visite. Il fera entrer en traitement, demain, tous les hommes reconnus atteints de la gale. Ces hommes resteront consignés à l'infirmerie jusqu'à leur parfaite guérison ; il y sera établi une garde. Ils y entreront avec le bonnet de police et la veste d'écurie seulement.

L'officier payeur paiera, demain, la solde du mois d'octobre 1811 ; on retiendra aux sous-officiers et chasseurs les avances qui leur ont été faites.

Après le pansage de demain matin, tous les chasseurs montés qui se trouvent auprès des officiers rentreront à leur compagnie. Il n'y aura d'exception que pour celui employé chez le chef d'escadrons Debelle. MM. les officiers ne pourront désormais retenir auprès d'eux que des chasseurs à pied.

M. le chef d'escadrons de semaine me rendra compte dans la journée de demain de l'exécution de cet ordre.

Supplément à l'ordre du 15 mai. — Les commandants des détachements des 5e, 6e, 8e et 7e compagnies, rentrées aujourd'hui, garderont les arrêts pendant 24 heures pour ne pas avoir exigé de leurs troupes qu'au moment même où l'on a déchargé les chevaux, les courroies de charge et lanières des manteaux fussent nouées, la croupière et les étriers relevés, etc. Les officiers ne doivent quitter leur compagnie que quand tous ces détails sont exécutés. J'espère que je n'aurai plus à me plaindre de leur négligence à cet égard. Les chevaux rentrés aujourd'hui seront tous visités au pansage de ce soir. Ceux malades ou blessés entreront à l'infirmerie demain matin.

16 mai. — Le conseil d'administration s'assemblera chez le colonel aujourd'hui à une heure de l'après-midi.

Il y aura revue de propreté à cheval et en grande tenue demain dimanche, à l'heure qui sera indiquée.

Le chasseur Clauston, de la 6e compagnie, passe en pied dans la compagnie d'élite.

Le chasseur Dufromentel, de la 2e compagnie, est nommé brigadier dans la 3e en remplacement du sieur Mann, passé maréchal des logis. Le chasseur Butel, de la 5e compagnie, est nommé brigadier dans la 7e en remplacement du sieur Martin passé fourrier.

Ces mutations auront lieu à cheval.

17 mai. — La revue de propreté aura lieu à pied et en grande tenue, aujourd'hui, à une heure et demie après midi.

18 mai. — Le régiment montera à cheval demain avec armes et bagages et en grande tenue. L'heure sera indiquée plus tard.

Le sieur Dunière, fourrier de la 3e compagnie, est nommé maréchal des logis en chef de la 6e en remplacement du sieur Perron, passé à la compagnie d'élite ; il y entrera monté.

Le chasseur Cotte de la 5e est nommé brigadier dans la même compagnie en remplacement de la Faré.

Le chasseur Mann de la 3e passera à pied dans la compagnie d'élite.

19 mai. — Le brigadier Doucet, de la 6e compagnie, est cassé de son grade pour avoir manqué de respect à l'un de ses supérieurs. Il est défendu de le reconnaître désormais comme brigadier. Il sera mis pendant quinze jours en prison et fera ensuite le service de chasseur à la gauche de sa compagnie.

Le brigadier Renaud, de la 5ᵉ compagnie, est nommé fourrier dans la 3ᵉ en remplacement du sieur Dunière ; il y passera monté.

Le chasseur Provot, de la 7ᵉ compagnie, est nommé brigadier dans la 5ᵉ en remplacement de Renaud. Il y passera monté.

Le chasseur Kamerer, de la 3ᵉ compagnie, est nommé brigadier dans la 6ᵉ en remplacement de Doucet ; il y passera monté.

23 mai. — Tous les chasseurs à pied employés près de MM. les officiers et tous les ouvriers employés aux ateliers du régiment payeront leur service à raison de 3 fr. par mois à dater du 10 avril dernier. Ces sommes seront versées à la petite masse de la compagnie.

Les capitaines feront écriture très exactement de toutes les recettes et dépenses de cette masse pour m'en justifier au besoin.

24 mai. — Il y aura revue de propreté à pied et en grande tenue, aujourd'hui, à une heure et demie.

29 mai. — Les commandants des 1ʳᵉ, 2ᵉ, 3ᵉ et 7ᵉ compagnies les assembleront demain matin à 11 heures pour passer l'inspection des armes et y faire faire de suite toutes les réparations dont elles sont susceptibles. Ils me rendront compte, par écrit, au rapport du 31, de leur revue. Ils s'assureront également de l'état dans lequel sont tous les effets d'habillement, d'équipement et de harnachement. Ils y feront faire sur-le-champ tous les remplacements ou réparations nécessaires au compte des chasseurs. Aucun remplacement, ni réparation ne seront faits, à l'avenir, au compte du régiment que sur un bon qui me sera présenté au rapport et que je viserai. Mais, dans tous les cas, la réparation ou le remplacement sera ordonnée par le capitaine et exécutée sur-le-champ.

A l'avenir, toutes les fois qu'une compagnie ou un détachement rentrera d'une expédition de quelques jours, le capitaine le réunira le lendemain de son arrivée et fera réparer ou remplacer à l'instant les effets de toute nature qui seraient détériorés ou perdus. On punira toujours sévèrement les hommes qui n'auraient pas rendu compte des effets qu'ils auraient perdus ou brisés.

Le capitaine me rendra compte par écrit de son inspection au rapport du lendemain.

Le régiment se tiendra prêt à passer la revue à cheval et en grande tenue le 31, à l'heure qui sera indiquée.

30 mai. — Le sieur Jontecol, maréchal des logis de la 5ᵉ compagnie, passera dans son grade à la compagnie d'élite en remplacement du sieur Pierson ; il y entrera monté.

Le brigadier Ruff, de la 6ᵉ compagnie, est nommé maréchal des logis dans la 5ᵉ en remplacement du sieur Souteux ; il y entrera monté.

Le chasseur Dugas, de la 5ᵉ compagnie, passera monté à la compagnie d'élite.

Le chasseur Delanvie sortira de la compagnie d'élite pour inconduite habituelle ; il passera à pied dans la 5e.

31 mai. — Le régiment montera à cheval à une heure et demie avec armes et bagages et en grande tenue, pour passer l'inspection. Les officiers seront en petite tenue.

Le maréchal des logis Autier, de la 2e compagnie, est nommé maréchal des logis en chef dans la même compagnie.

Le brigadier Rostang, de la compagnie d'élite, est nommé maréchal des logis dans la 2e ; il y passera à pied.

Le chasseur Ossard, de la compagnie d'élite, est nommé brigadier dans la même compagnie.

Le chasseur Gibelin, de la 12e compagnie, passera à pied dans la compagnie d'élite.

Le chasseur Mangé, de la 3e compagnie, est nommé brigadier dans la 6e ; il y entrera monté.

1er juin. — Les galeux de la 2e compagnie entreront en traitement aujourd'hui. S'il en existe encore dans les autres compagnies, les capitaines les feront également conduire à l'infirmerie dans le jour. Les commandants de compagnies me présenteront, ce soir au pansage, les chevaux qu'ils jugent susceptibles de réforme; ils m'en remettront, en même temps, un état signalétique. Je recevrai à l'avenir le rapport général à midi ; l'adjudant Gérard sera seul chargé des distributions, de la rédaction du rapport et de tout le service. L'adjudant-major viendra tous les matins à 9 heures prendre mes ordres. Il y aura revue de propreté à pied et en grande tenue demain, à l'heure qui sera indiquée ; les officiers seront en petite tenue.

L'adjudant-major réunira, tous les jours, les maréchaux des logis et brigadiers présents pour leur faire la théorie du paquetage et s'assurer que leurs armes, leurs buffleteries, leur harnachement, leur habillement, etc., soient tenus conformément à ce que j'ai ordonné à ce sujet. L'adjudant-major pourra dispenser successivement de cette théorie les sous-officiers qui ne laisseront rien à désirer sur leur tenue. Chacun d'eux fera exécuter dans sa subdivision ou escouade ce que l'on aura exigé de lui.

3 juin. — L'artiste vétérinaire fera la visite de tous les chevaux au pansage de ce soir. Tous ceux malades ou blessés entreront à l'infirmerie demain matin.

Il y aura revue de propreté à cheval et en grande tenue le 5, à l'heure qui sera indiquée.

Les galeux, rentrés aujourd'hui de détachement, seront conduits à l'infirmerie ce soir.

4 juin. — Le brigadier Pacet, de la compagnie d'élite, est nommé maréchal des logis dans la 7e en remplacement de Lignon ; il y entrera monté.

Le brigadier Bourdy, de la 3ᵉ compagnie, passera dans son grade à la compagnie d'élite en remplacement du sieur Puech ; il y entrera monté.

12 juin. — Le chasseur Villaret, de la 6ᵉ compagnie, est nommé brigadier dans la 3ᵉ en remplacement du sieur Bourdy ; il y passera monté.

Les capitaines assembleront, ce soir à 6 heures, leurs compagnies et passeront la revue du petit équipement d'écurie ; ils feront remplacer de suite les objets manquants. Ils me feront remettre au rapport de demain un état sommaire des remplacements ordonnés.

Jusqu'à nouvel ordre, il ne sera commandé dans les compagnies, pour le service extérieur, que les chevaux le plus en état.

On fera les crins, barbes et ganaches à tous les chevaux de troupe dans la journée de demain.

Le régiment passera l'inspection dimanche à cheval et en grande tenue, à l'heure qui sera indiquée.

Demain à 2 heures après midi, le chirurgien-major visitera tous les hommes des 1ᵉʳ et 2ᵉ escadrons pour reconnaître ceux qui seraient atteints de la gale, et les fera entrer en traitement de suite. Il fera la même visite au 3ᵉ escadron à 6 heures du soir.

13 juin. — Le brigadier Julien, de la 7ᵉ compagnie, est cassé de son grade pour désobéissance et mauvaise conduite habituelle. Il est défendu à tous les chasseurs et trompettes de le reconnaître désormais pour brigadier et de lui obéir en cette qualité. Il sera mis pour quinze jours à la prison de la ville et reprendra ensuite le service de chasseur à la gauche de la compagnie, à pied.

Tous les chevaux seront conduits à la promenade ce soir, à six heures, par le capitaine de police et les officiers et sous-officiers de semaine.

27 juin. — Après l'appel de 10 heures, les capitaines réuniront leurs compagnies et leur feront la théorie du paquetage, feront rouler les manteaux et faire les porte-manteaux conformément à l'ordonnance ; ils feront ouvrir les fontes qui se sont trop resserrées, étiqueter et nettoyer les selles, etc., etc.

Ils se procureront des gourmettes, des S, et crochets en avance ; chaque homme aura un porte-fer, une trousse renfermant six boutons, une alène, des aiguilles, du fil, etc.

Ils feront placer les galons de distinction et chevrons d'ancienneté, qui manquent à l'habillement, et des fers figurés en argent sur la manche gauche des habits et vestes des maréchaux-ferrants.

Ils feront acheter, sans délai, une musette complète pour leurs sous-officiers. Ils s'assureront que toutes les gibernes soient garnies de cartouches et que chaque homme en ait un paquet dans le porte-manteau. Ce paquet sera enveloppé d'un chiffon et ne pourra jamais être placé ailleurs.

Les officiers, sous-officiers et brigadiers auront un contrôle nominatif de

leurs subdivisions ou escouades et devront toujours être en état d'en faire l'appel par cœur.

Les grands et petits crins seront faits à tous les chevaux de troupe dans l'intervalle du pansage du matin à celui du soir.

Je rappelle que les crins des jambes ne doivent pas être coupés à plus de quatre doigts au-dessus du fanon et que l'on doit, pour obtenir de la régularité, tenir toujours les ciseaux perpendiculairement, la pointe vers la terre.

On dégagera les crinières en en arrachant une partie ; on aura soin de les tenir insensiblement plus longues au bas de l'encolure qu'à la partie supérieure.

Tous les ordres précédents sont datés de Pampelune où se trouvait le régiment.

Logroño, 4 juillet. — Il y aura revue de propreté à cheval, en petite tenue, à 1 heure après midi. Tout le monde sera présent sans exception, même le piquet de service.

Arriaga, 10 juillet. — On s'occupera aujourd'hui, dans les compagnies, des travaux de propreté, des réparations, des remplacements à faire, des effets de toute espèce.

Demain, le régiment montera à cheval pour passer la revue à l'heure qui sera indiquée.

Il est fait défense expresse à qui que ce soit d'aller à Vittoria sans une permission.

Les capitaines formeront un petit magasin d'orge équivalant à une ration par cheval. Cet orge, qui sera pris sur celui que le régiment a emporté de Logroño, sera conservé pour être emporté lors de la première marche que fera le régiment ; ce qui en existe de plus dans les compagnies servira à augmenter chaque jour la ration journalière.

Je recevrai le rapport général tous les matins à 9 heures.

13 juillet. — J'ai été extrêmement mécontent de la tenue générale du régiment à mon inspection d'hier. La 6ᵉ compagnie a été la seule qui offrait de la tenue, quoiqu'elle fût loin de la perfection. Les commandants des 1ʳᵉ, 5ᵉ, 2ᵉ, 3ᵉ et 7ᵉ compagnies garderont les arrêts jusqu'à nouvel ordre.

Il ne sera plus donné d'heure pour les divers services du régiment ; on se conformera aux sonneries.

M. le général Laferrière passera aujourd'hui la revue des chevaux du régiment. On les sortira nus avec les licols et les filets. Tous les chevaux seront conduits à la promenade après le pansage du soir par le capitaine de police, les officiers et les sous-officiers de semaine.

14 juillet. — Les commandants de compagnies se mettront en mesure de donner au plus tôt aux hommes attachés à l'infirmerie, comme à ceux montés, une trousse garnie. M. le lieutenant Mairet s'en procurera de suite pour tous ceux qui composent le petit dépôt.

Les perruquiers des compagnies taillent mal les cheveux aux chasseurs ; il leur est défendu de les couper ailleurs qu'au-dessus du front et de la longueur de quatre doigts seulement. Les commandants des compagnies doivent profiter du jour de repos qu'a maintenant le régiment pour faire forger. Je leur rappelle qu'ils doivent avoir autant que possible 4 fers par cheval et 70 clous au moins.

Les commandants des compagnies les assembleront ce soir, à 6 heures et demie, les chevaux chargés et complètement, les hommes en armes et en petite tenue. Ils en passeront une scrupuleuse inspection et m'en rendront compte par écrit au rapport de demain 15.

30 juillet. — Le régiment se tiendra prêt à passer la revue de M. l'inspecteur en chef aux revues, avec armes et bagages et en grande tenue, après-demain 1er août.

Les capitaines devront y présenter tous leurs registres de compagnie ; ils s'assureront, en conséquence, qu'ils sont en règle et à jour.

31 juillet. — Les grands et petits crins seront faits à tous les chevaux de troupe pour dimanche 2 août. Il sera donné lecture aux compagnies de l'ordre du 27 juin qui indique la manière dont on doit s'y prendre pour obtenir de la régularité.

1er août. — Le régiment passera la revue de M. l'inspecteur aux revues à cheval et en grande tenue samedi 3 août à 6 heures et demie du matin. Tout le monde sans aucune exception y sera présent. Les sous-officiers et chasseurs auront leur livret dans les schakos pour le présenter au besoin. Les hommes à pied porteront sur le terrain leur manteau et leur porte-manteau.

Le 3e escadron, détaché à Aly, sera rendu sur le terrain de manœuvre à 7 heures du matin. Tout ce qui fait partie du petit dépôt à Vittoria se trouvera à Arriaga à 6 heures et demie.

Demain matin, à l'appel de onze heures, les hommes présenteront leurs selles et brides nettoyées, leur porte-manteau fait, leur manteau ployé suivant l'ordonnance. L'appel du soir se fera en armes, schakos et buffleteries. Il ne sera point donné de permissions demain pour aller en ville. Tous les hommes, cuisiniers, gardes d'écurie, etc., seront présents aux deux appels.

On fera sortir du piquet, demain matin, les hommes punis, pour reprendre leur punition après la revue.

M. le lieutenant Mairet fera l'inspection de tout ce qui compose le petit dépôt, demain, à 11 heures, pour s'assurer de la tenue.

Les capitaines présenteront à l'inspecteur, à l'issue de la revue, leur registre de compagnie.

A l'avenir, les sous-officiers et chasseurs porteront constamment la cra-

vate noire sans aucun bord blanc apparent. MM. les officiers seront colle-
tés de même chaque fois qu'ils seront de service ou sous les armes.

Vittoria, 16 août. — Il sera dirigé dans les compagnies des hommes
démontés pour rentrer au dépôt, dans les proportions suivantes :

Élite	1
5ᶜ	10
2ᵉ	22
6ᵉ	14
3ᵉ	18
7ᵉ	15

Dans ces hommes ne seront compris aucun des ouvriers. Ils partiront
avec leur équipement, habillement et armement complets, manteaux et
porte-manteaux. L'état nominatif de ces hommes me sera remis demain
matin au rapport. Ils emporteront leur livret signé, arrêté par le capitaine.
La veille du départ, chaque compagnie me donnera l'état général des effets
dont sera pourvu chaque homme à son départ.

Vittoria, 22 septembre. — Les effets de toute nature seront appropriés
dans le jour et réparés s'ils en sont susceptibles. Il sera placé des agrafes
aux habits et vestes arrivés du dépôt. Les gibernes seront ajustées, rognées
et cirées, les dessus des schakos noircis. On fera mettre des boucleteaux aux
crochets de carabine qui en manquent. Les jugulaires manquant aux schakos
de nouveau modèle seulement seront remplacées. Les hommes du détachement de M. Chambrey, qui n'ont pas de culottes hongroises, en recevront.
On s'assurera que tous les chasseurs et sous-officiers ont la musette et le
sac à distribution.

Il sera remis à chaque compagnie trente paires de bottes neuves ; elles
seront distribuées dans la compagnie d'élite. Dans les cinq autres compagnies, elles ne le seront qu'à la réunion du régiment, mais elles seront con-
fiées à des chasseurs qui les porteront, comme il est d'usage, sous le couvercle du porte-manteau.

Les commandants de ces cinq dernières compagnies devront, sous leur
responsabilité personnelle, me les représenter lorsque je les en requerrai.

Les galons des bonnets de police seront passés à la terre de pipe dans le
jour. Je renouvelle la défense très expresse de jamais laver les bonnets.

L'appel de ce soir aura lieu à cinq heures et en armes ; on y présentera
le pistolet. Il en sera passé une rigoureuse inspection dont le capitaine
Dupré me rendra compte.

Le régiment doit se tenir prêt à marcher au premier ordre. S'il n'y a
pas de mouvement, j'en passerai l'inspection demain. J'y jugerai des soins
que se seront donnés les commandants des cinq dernières compagnies pour
l'exécution de ces ordres. Ces cinq officiers seront laissés au détail de leur

compagnie ; ils ne seront commandés pour aucun service jusqu'à mon inspection.

Lorsqu'un cheval sera, à l'avenir, blessé à la bouche par le filet, on n'y engagera pas de mors ; il restera battant sous les barbes, maintenu par le frontail et la muserolle de la bride, les rênes passées sur l'encolure.

Que la ferrure soit mise en état, que l'on se procure des fers et des clous, que les maréchaux soient prévenus qu'il leur sera retenu 6 fr. sur leurs gages pour chaque cheval qu'ils auront piqué.

23 septembre. — MM. les officiers porteront, à l'avenir, la veste de petite tenue avec le retroussis orange et un passe-poil de même couleur qui partant du bas du devant de la veste viendra s'unir avec le retroussis. Il n'y aura point de passe-poil de couleur le long des boutons ; enfin la veste reste telle qu'elle est aujourd'hui.

Le pantalon de cheval se portera désormais avec une botte en cuir, ce qui lui donnera plus de solidité tout en étant plus économique que la garniture en drap.

Le pantalon sera du reste absolument le même.

Il sera fait, chaque jour, une théorie de paquetage aux cinq dernières compagnies. Le capitaine Dupré en indiquera l'heure. Les maréchaux des logis et brigadiers de la compagnie d'élite seront répartis dans les autres pour aider à l'instruction.

26 septembre. — On s'occupera, dès aujourd'hui, dans les détachements arrivant de Logroño, des remplacements et des réparations de toute espèce et de remettre en état la ferrure. Les bottes seront distribuées aux hommes à qui elles sont dues ou à ceux qui en manquent.

L'artiste vétérinaire reconnaîtra, au pansage de cet après-midi, les chevaux susceptibles d'entrer à l'infirmerie ; ils y passeront demain matin après le pansage ; à la même heure, ceux que j'ai désignés pour en sortir, rentreront dans leurs compagnies. Aussitôt leur entrée, les capitaines donneront définitivement les chevaux. Demain matin, les cinq dernières compagnies verseront au magasin du régiment leurs huit plus mauvais porte-manteaux. Elles en recevront de meilleurs en même nombre.

Tout ce qui existe encore de schabraques bleues sera remis au magasin et échangé contre des schabraques de peau de mouton. Les capitaines donneront à leurs trompettes des schabraques de peau de mouton noir. Le trompette Letumier de la 2ᵉ sera monté sur un cheval gris.

M. le lieutenant Mairet remettra, demain matin, à MM. les officiers, les effets qu'il a l'ordre de leur livrer.

M. le lieutenant Lancelot se rendra de suite à Bentonio pour y être chargé, jusqu'à nouvel ordre, de la surveillance de l'infirmerie. M. de Laville le remplacera dans le commandement de la 5ᵉ compagnie où il sera en subsistance.

Les hommes désignés pour rentrer en France partiront demain matin à 6 heures sous le commandement de MM. de Chassille, lieutenant, et Bové, sous-lieutenant.

M. le sous-lieutenant Claude comptera dans son grade à la 3ᵉ compagnie. M. le sous-lieutenant Damas de Lamarche fera le service dans la 6ᵉ compagnie et y sera en subsistance. M. le sous-lieutenant Lamy comptera dans son grade à la 3ᵉ compagnie ; M. le sous-lieutenant Beauvallon dans la 7ᵉ.

27 septembre. — Les capitaines feront remplacer aux schakos de nouveau modèle les jugulaires manquantes ou en mauvais état. Le lieutenant Mairet a l'ordre de leur en délivrer.

Les grands et petits crins seront faits à tous les chevaux de troupe avant le pansage de demain soir.

Il y aura revue de propreté à cheval et en grande tenue demain dans l'après-midi.

Après-demain 29, M. le général Laferrière passera la revue du régiment.

Arriaga, 28 septembre. — Il y aura revue de propreté ce soir, en grande tenue, à quatre heures. Tout le monde y sera présent. Il sera laissé un brigadier seulement par logement pour la garde des chevaux et équipages.

Le pansage de ce soir se fera une heure après la revue. Les chevaux seront passés à l'eau.

Supplément à l'ordre du 28 septembre. — Les crins ont été mal faits à beaucoup de chevaux. Les commandants de compagnie en passeront la revue au pansage de demain matin et feront rectifier tout ce qui a besoin de l'être.

L'appel de 11 heures de demain matin n'aura lieu qu'à midi. Les hommes y paraîtront avec leurs armes et buffleteries. Les commandants de compagnie passeront l'inspection.

Le régiment montera à cheval à 4 heures après midi avec armes et bagages et en grande tenue pour passer la revue de propreté. A l'avenir, toutes les fois que le trompette de service aura fait une sonnerie, tous les trompettes du régiment la répéteront de suite.

Le maréchal des logis en chef Clerc est nommé adjudant sous-officier surnuméraire ; il en portera les distinctions et jouira des prérogatives attachées à son grade. Il est ordonné à tous les sous-officiers, brigadiers, trompettes et chasseurs de lui obéir en cette qualité.

30 septembre. — Demain matin, à 8 heures, le régiment montera à cheval avec armes et bagages dans la plus grande tenue pour passer la revue de l'inspecteur et celle de M. le général baron Laferrière.

MM. les officiers y seront en habit-veste et culottes grises. Les capitaines feront distribuer aux sous-officiers et chasseurs les fers et les clous dont on a dû se pourvoir. Chaque sous-officier ou chasseur aura son livret dans le schako et un paquet de cartouches dans le porte-manteau, la giberne garnie.

On montera à cheval la carabine à la botte ; le couvre-fers sera placé sous le couvercle du porte-manteau, du côté droit. Le pansage à 2 heures et demie, l'appel à 5 heures du soir avec schakos, buffleteries et armes.

Supplément à l'ordre du 30 septembre. — Le brigadier Lavacherie, de la compagnie d'élite, est nommé maréchal des logis dans la compagnie d'élite en remplacement du sieur Beau, passé maréchal des logis chef dans la 7ᵉ.

Le brigadier Barrès de la 5ᵉ compagnie et Souvetou de la 3ᵉ passent dans leurs grades à la compagnie d'élite.

Le brigadier Plateaux, de la 2ᵉ compagnie, passera dans son grade dans la 3ᵉ. Toutes ces mutations auront lieu aujourd'hui et avec les chevaux.

Arriaga, 2 octobre. — Il sera donné à chaque compagnie 4 marmites et 4 gamelles ; deux des cuisiniers porteront les marmites et gamelles dans leurs sacs. Dans toutes les marches, ces deux hommes seront toujours placés à la gauche de leur compagnie.

Je recommande aux capitaines l'entretien de ces effets.

Arriaga, 3 octobre. — Les chevaux seront conduits à la promenade à midi et demi par le capitaine de police et les officiers de semaine.

Le pansage du soir se fera, à l'avenir, à 2 heures, l'appel du soir à 5. Aujourd'hui à l'appel du soir, tous les sous-officiers et chasseurs présenteront leurs trousses. Les commandants de compagnie s'y assureront que tous en soient pourvus et qu'elles soient garnies de fil et de dé à coudre, etc. Ils feront sur-le-champ compléter les objets manquants.

5 octobre. — Aujourd'hui à l'appel de 11 heures, les chasseurs présenteront leurs brides nettoyées et les mors fourbis ; à l'appel de 5 heures, leurs fourniments.

Beaucoup de chevaux sont mal embouchés, les mors basculant généralement trop. Demain matin, à l'issue du pansage, les capitaines feront brider tous leurs chevaux et rectifier tout ce qui a besoin de l'être. Ils garderont ici un de leurs maréchaux pour cette opération.

J'ai déjà ordonné de raccommoder les basanes des pantalons usés et des pantalons de drap bruns ; cela n'a pas été fait encore ; on s'en occupera immédiatement.

8 octobre. — Le régiment sortira demain matin avec armes et bagages ; on se conformera aux sonneries. Les sous-officiers et chasseurs seront en surtouts et pantalons bruns, le schako couvert ; ce sera la tenue habituelle dans les marches. Aussitôt l'arrivée au logement, les brigadiers, trompettes et chasseurs quitteront les surtouts et les schakos et prendront la veste et le bonnet de police.

Dans les marches, chaque fois que les chevaux sortiront, même pour aller à l'abreuvoir, ils auront la queue retroussée.

9 octobre. — Le régiment se tiendra prêt à passer la revue de M. le général Laferrière dans le jour. La tenue sera ordonnée plus tard. On se conformera pour l'heure aux sonneries. Il ne sera accordé de permissions pour aller en ville qu'après la revue.

Les chasseurs y présenteront les fers et clous de réserve ; ils auront un paquet de cartouches dans le porte-manteau et le reste dans la giberne.

Orona, 12 octobre. Ordre de la brigade. — Il sera fait sur-le-champ une distribution de demi-ration de pain. Au moyen de celle reçue hier soir, le régiment se trouve avoir le pain pour demain 13 et la moitié de celui du 14. On veillera, dans chaque corps, à ce qu'il soit conservé pour les jours précités.

Il sera fait dans la journée une distribution de viande pour aujourd'hui. Je rappelle que les régiments ont reçu l'orge pour les journées des 13 et 14. Au moyen des distributions faites à Orona, ces rations seront conservées avec soin et ne seront mangées que lorsque les distributions journalières seront interrompues.

La brigade se tiendra prête à faire un mouvement demain matin.

Anostro, 16 octobre. — Je suis informé que des chasseurs sont allés, hier soir, en armes dans un village voisin. Il se sont fait donner par violence du pain et des volailles. C'est un crime que les règlements punissent de mort. Si je connaissais les coupables, je les livrerais immédiatement à une commission militaire ; je le ferai si de pareils désordres se renouvellent.

Que MM. les officiers et les sous-officiers, dans leurs subdivisions, surveillent leurs chasseurs, qu'ils ne souffrent pas qu'ils s'absentent dans les intervalles des appels, que chacun fasse enfin ce qu'il doit pour conserver au régiment sa bonne réputation d'ordre et de discipline.

Agular, le 19 octobre 1812. — Le régiment a reçu, hier matin, le pain pour 4 jours à raison de 2 livres par homme. Les moyens de remplacer la ration qui a été mangée hier ayant manqué, elle est réduite, comme par le passé, à une livre et demie, de sorte qu'au moyen d'une demi-livre de pain, qui sera distribuée dans le jour, le régiment se trouvera être pourvu pour les journées des 21, 22 et 23. Les trois jours de biscuit, distribués hier matin, seront réservés avec le plus grand soin et l'on n'y touchera qu'à la dernière extrémité.

L'on a reçu également, hier matin, de l'avoine pour 4 jours. En conséquence, le régiment est servi pour aujourd'hui et les journées des 20 et 21.

Je ne puis trop recommander aux commandants des compagnies de s'assurer tous les jours que les vivres et fourrages remis aux chasseurs ne seront pas consommés avant le temps. Ils doivent sentir de quelle conséquence cela est dans les circonstances actuelles.

Cigalès, le 29 octobre 1812. — Le brigadier Ratinaud, de la 6ᵉ compagnie, convaincu de vol, a été condamné à mort, hier, par le tribunal prévôtal. J'ai obtenu, par une faveur particulière du général en chef de l'armée du Portugal, la cassation de son jugement et sa grâce. C'est la dernière fois que je m'intéresserai à tout homme qui se rendra coupable de crime semblable. Je rappelle encore que les règlements punissent de mort toute espèce de pillage ou exaction et je préviens, une fois encore, que je traduirai devant la justice militaire tous ceux qui, à l'avenir, en seront accusés.

Le brigadier Ratinaud est cassé de son grade. Il est défendu aux trompettes et chasseurs de le reconnaître pour tel et de lui obéir désormais en cette qualité. Il sera consigné à la garde du camp jusqu'à nouvel ordre.

La Puebla, 12 novembre. — Les commandants de compagnie feront, dans le jour, une revue exacte des effets de toute espèce et feront réparer tout ce qui est détérioré ou perdu. Ils me rendront compte, au rapport de demain, des objets qui peuvent avoir été perdus pendant la campagne et me feront la demande des effets d'habillement nécessaires pour les compléter.

La ferrure sera dans le meilleur état possible. Les crins seront faits pour le pansage de demain soir. Au moyen de la distribution d'orge faite hier et de celle journalière, qui vont se continuer, le régiment en sera pourvu pour un jour d'avance.

Quelques chasseurs ont remplacé leurs pantalons bruns par d'autres de différentes couleurs. Je consens à ce qu'ils les portent, mais seulement lorsqu'ils seront faits de la même forme que les bruns.

À l'appel de 11 heures, les hommes présenteront leurs buffleteries blanchies, leurs gibernes bien cirées, à celui de 5 heures les brides et les selles nues.

La Puebla, 13 novembre. — Demain matin au pansage, les commandants de compagnie m'indiqueront les chevaux qui leur paraissent susceptibles de réforme. Ils me les présenteront à 9 heures sur la place.

La Puebla, 15 novembre. — Plusieurs de MM. les officiers n'ont pas encore leur grand uniforme complet. Je leur donne pour tout délai jusqu'au 1ᵉʳ décembre prochain pour se le procurer.

M. le capitaine Perron continuera, jusqu'à nouvel ordre, les fonctions d'officier payeur. M. le lieutenant Lavilleheliot conservera le commandement de la 5ᵉ compagnie.

La Puebla, 16 novembre. — Ce soir, à l'appel de 5 heures, les hommes présenteront leurs sabres et ceinturons ; ils sont généralement mal tenus. La monture du sabre sera polie, le fourreau fourbi. Les anneaux et crochets du ceinturon seront nettoyés. Les carabines et fourniments des chasseurs à pied, des officiers, adjudants et ouvriers seront déposés aujourd'hui chez l'adjudant-major ; ils ne conserveront que le sabre.

La Puebla, 23 novembre. — Il me sera remis demain, au rapport, par chaque compagnie, les noms et grades de tous les hommes blessés au combat du 23 octobre dernier ; on indiquera le genre de blessure de chacun.

La Puebla, 25 décembre. — A dater d'aujourd'hui, le pansage du soir se fera à 3 heures. L'appel de 4 heures et demie n'aura plus lieu jusqu'à nouvel ordre.

La Puebla, le 28 décembre. — Les crins seront faits à tous les chevaux de troupe pour le 1er janvier. A l'avenir, et sans qu'il soit besoin que j'en donne l'ordre, les commandants de compagnie et de détachements les feront faire tous les mois du 1er au 5.

A dater d'aujourd'hui, tous les hommes punis seront réunis à midi pour faire l'exercice jusqu'à 2 heures. Le capitaine de police ou un des officiers de semaine y présidera.

La Puebla, 31 décembre 1812. — Les commandants de compagnie feront faire aux vestes d'écurie les réparations dont elles ont besoin et me demanderont le remplacement de celles absolument hors de service. Ils feront remplacer aux schakos les jugulaires, aigles et pompons qui peuvent y manquer. Ils me rendront compte, au rapport du 2 janvier, de la quantité de fers et de clous qu'ils ont en avance.

Ils feront raser les favoris à tous les sous-officiers et chasseurs et feront tailler le toupet en brosse.

A l'appel de onze heures, les sous-officiers et chasseurs auront les cheveux attachés en queue ; il en sera de même quand ils seront de service.

Les commandants de compagnie me feront connaître ce qui leur manque de paires de bottes pour que tous leurs hommes soient bien et solidement chaussés. Ils éviteront de faire remonter des tiges déjà usées.

Le régiment sera en grande tenue demain. L'appel de onze heures se fera en schako et sabre.

La Puebla, 1er janvier 1813. — Les chasseurs Scherer et Garabion, de la 5e compagnie, passeront dans la compagnie d'élite, le premier à pied, le second monté.

Le brigadier Rathetot et le chasseur Lagrave de la 6e compagnie, les chasseurs Mentrier et Schoeffer de la 3e, Gozzo, Baudin, Beauninghe et Bassez de la 7e, passeront montés dans la compagnie d'élite ; le chasseur Cupain de la 7e y passera à pied. Tous y compteront du 1er janvier.

Les commandants de compagnie établiront demain le contrôle par rang de taille. Ils m'en feront remettre un double au rapport du 3. Ce sera toujours sur les contrôles que se feront les appels à pied.

La Puebla, 3 janvier. — Il y aura revue de propreté à cheval et en grande tenue aujourd'hui ; à midi et demi, les compagnies s'assembleront.

La compagnie d'élite et la 5° se compléteront au plus tôt à trois fers et 70 clous par cheval.

Le fourrier Reriabud, de la 2° compagnie, passera dans son grade à la 7°. Le fourrier Martin de la 7° passera dans son grade à la 3°.

Le chasseur Orth, de la 6° compagnie, passera monté à la compagnie d'élite.

La Puebla, 6 janvier. — M. le lieutenant Lerohie fera le service et comptera dans la 2° compagnie.

La Puebla, 10 janvier. — Le brigadier Maillot, de la 7° compagnie, est cassé de son grade pour inconduite habituelle ; il est défendu de le reconnaître en cette qualité. Il sera mis en prison pour quinze jours et reprendra ensuite le service de chasseur.

Il y aura revue de propreté à pied demain, à l'heure qui sera indiquée.

La Puebla, 22 janvier. — Le brigadier Roussel, de la compagnie d'élite, est nommé maréchal des logis dans la 6° en remplacement du sieur Deligny fait prisonnier de guerre. Il y passera à pied.

Le chasseur Berton, de la 7° compagnie, est nommé brigadier dans la même compagnie en remplacement de Maillot cassé de son grade.

La Puebla, 24 janvier. — Le chasseur Brichoi, de la 6° compagnie, est nommé brigadier en remplacement de Kamerer.

La Puebla, 25 janvier. — M. Tabary, sous-lieutenant de la compagnie d'élite, a refusé, hier, de faire partie du détachement qui a marché sous les ordres de M. le capitaine Dupré. Il a désobéi, il sera puni exemplairement. Je l'ai fait conduire à la prison militaire où il sera détenu jusqu'à nouvel ordre.

La Puebla, 1er février. — A l'avenir, les brigadiers, chasseurs et trompettes paraîtront à l'appel du pansage du matin avec les cheveux déliés. Ils seront peignés et coiffés ainsi que les sous-officiers, pour l'appel de 11 heures.

6 février. — S. E. le général en chef m'informe, par lettre d'hier, que le général Abbé a battu complètement et détruit en partie la bande de Mina, que les troupes de la garde ont détruit les insurgés de Biscaye et que le général Vandermeulen a pris à Santander des marchandises et beaucoup d'argent. On annonce, de plus, que 10 millions sont en route pour l'Espagne pour y payer la solde arriérée.

La Puebla, 11 février. — Les sous-officiers qui, en vertu de l'ordre de l'armée du 10 courant, désirent passer dans la garde impériale, préviendront de suite leurs capitaines qui me les présenteront à l'appel de ce matin.

L'appel se fera à 10 heures et demie, tous les hommes présents s'y trouveront.

Le régiment montera à cheval à midi et demi avec armes et bagages et en grande tenue.

Il est défendu de seller les chevaux avant la sonnerie du boute-charge. On exigera que les chasseurs sortent leurs chevaux des écuries pour les seller et charger.

M. le sous-lieutenant Damas de Lamarche passera titulaire à la 3e compagnie en remplacement de M. Lamy, décédé.

La Puebla, 14 février. — Il y aura revue de propreté à cheval et en grande tenue demain, à l'heure qui sera indiquée.

Aujourd'hui, à deux heures, les capitaines passeront la revue des cartouches. Ils feront compléter à 20 toutes les gibernes.

La Puebla, 20 février. — Il y aura revue de propreté demain, à cheval et en grande tenue.

Les chevaux seront conduits aujourd'hui à la promenade à une heure.

La Puebla, 21 février. — Le chasseur Chaudron, de la compagnie d'élite, est nommé brigadier dans la même.

Le chasseur Marengo est nommé brigadier dans la même.

Le chasseur Mentrier est nommé brigadier dans la 7e ; il y passera monté.

Le chasseur Delaville, de la compagnie d'élite, est nommé brigadier dans la compagnie d'élite ; il y passera monté.

Le chasseur Ponte, de la 7e compagnie, passera à pied à la compagnie d'élite.

Le brigadier Tréchon, de la 6e compagnie, est nommé maréchal des logis dans la 2e.

Le brigadier Dauvé de la 2e est nommé maréchal des logis dans la 6e. Ils passeront montés.

Le chasseur Gyr de la 3e est nommé brigadier dans la 5e et y passera monté.

Le chasseur Vanchevet de la 6e est nommé brigadier dans la 2e ; il y passera monté.

Le chasseur Hoirier de la 7e est nommé brigadier dans la 6e ; il y passera monté.

Les chasseurs Contant et Bos de la 2e et Grenischer de la 3e passeront à l'élite. Les deux premiers à pied et le troisième monté.

La Puebla, 27 février. — Le chasseur Plantler, de la 5e compagnie, passe monté à la compagnie d'élite.

Il y aura revue de propreté à pied demain, à l'heure qui sera indiquée.

Jusqu'à ce jour, tous les ordres sont signés : *Le Colonel, chevalier*

Faverot. Celui-ci porte, pour la première fois : *Le Colonel, baron Faverot*. Le titre de baron avait été donné par l'Empereur au colonel du 15ᵉ de chasseurs pour sa belle conduite au combat de Villadrigo.

La Puebla, 6 mars. — Le régiment montera à cheval avec armes et bagages et en grande tenue, demain, pour passer la revue de propreté. L'heure sera donnée plus tard ; les officiers seront en petite tenue.

7 mars. — Les effets des chasseurs ne sont pas tenus, comme le règlement l'ordonne, dans les maisons qu'ils occupent. Après le pansage du matin, les manteaux et couvertes doivent être pliés et battus, la selle toujours paquetée, les armes et buffleteries, schakos, décrochés, le porte-manteau fait. Les commandants de compagnie veilleront à ce que cela s'exécute à l'avenir. Les officiers et sous-officiers de semaine s'en assureront chaque jour.

Il n'y aura pas d'appel aujourd'hui à 11 heures. A midi et demi, le régiment montera à cheval en grande tenue.

La Puebla, 8 mars. — MM. les officiers devront porter, par la suite, la veste de petite tenue du même modèle que l'habit de grand uniforme. Elle sera seulement de six pouces plus courte que l'habit.

En conséquence, ceux qui seront plus tard dans le cas de renouveler leur veste actuelle, se la feront faire dans la forme que je viens d'indiquer.

La Puebla, 14 mars. — Il n'y aura pas d'appel à 11 heures. A midi, les sous-officiers et chasseurs seront au logement dans leur tenue journalière. Les commandants de compagnie visiteront toutes les maisons que chacun occupe pour s'assurer de l'exécution de l'ordre du 7 de ce mois relatif à l'entretien et au placement des effets de tout genre.

La Puebla, 17 mars. — M. d'Equevilli, nommé capitaine au régiment par décret de l'Empereur du 7 septembre dernier, prendra le commandement de la 3ᵉ compagnie. Il est ordonné en conséquence, à tous les lieutenants, sous-lieutenants, maréchaux des logis en chef, maréchaux des logis, brigadiers fourriers, brigadiers, trompettes et chasseurs de le reconnaître pour tel et de lui obéir en tout ce qu'il commandera en cette qualité pour le service de Sa Majesté.

Il y aura revue de propreté à pied et en grande tenue demain.

La Puebla, 1ᵉʳ avril. — En conséquence de l'organisation que vient d'avoir le régiment à deux escadrons, M. le capitaine d'Equevilli prendra le commandement de la 6ᵉ compagnie.

M. le lieutenant Roux passera à la compagnie d'élite.

M. le lieutenant Delavillcheliot sera titulaire à la 5ᵉ compagnie et la commandera.

M. le sous-lieutenant Moron passera à la compagnie d'élite.

M. le sous-lieutenant Beauvallon passera à la 2ᵉ compagnie.

M. le sous-lieutenant Lemaire à la 4ᵉ compagnie.

M. le sous-lieutenant Chambrey sera chargé du détail de l'habillement.

Le trompette Klein, de la compagnie d'élite, fera les fonctions de trompette-brigadier et portera les distinctions de brigadier.

Le régiment se tiendra prêt à faire une marche dans les 24 heures.

Supplément à l'ordre du 1ᵉʳ avril. — Si le régiment ne se met pas en marche dans la nuit, le pansage se fera demain matin à 5 heures et il y aura revue de propreté à 11 heures du matin, à cheval avec armes et bagages et en tenue de route.

4 avril. — Le brigadier Guillemine, de la 5ᵉ compagnie, est cassé de son grade pour avoir vendu, hier, le grain de son cheval. Il sera mis en prison pendant un mois et fera ensuite le service de chasseur à la gauche de sa compagnie.

La Puebla, 9 avril. — Le régiment se tiendra prêt à monter à cheval avec armes et bagages et en grande tenue pour passer la revue de S. E. le général en chef et se conformera aux sonneries. Les officiers seront en tenue de route. Le régiment se mettra immédiatement en marche après la revue.

Le colonel baron Faverot ayant obtenu un congé pour soigner ses blessures, le régiment est commandé par le chef d'escadrons Gerbault. Les derniers ordres de 1813 sont signés par cet officier supérieur.

Ordre du régiment. — MM. les officiers me feront connaître, pour demain matin à l'heure du pansage, quels sont les chasseurs qu'ils veulent conserver pour panser leurs chevaux. Ils ne peuvent en avoir que démontés, pour que je puisse satisfaire à l'ordre du jour pour leur obtenir patentes sans lesquelles ils courraient risque d'être arrêtés.

MM. les officiers qui ont des domestiques, me feront aussi connaître leur âge et le lieu de naissance.

Ordre du régiment. — MM. les commandants des compagnies donneront l'ordre à leurs maréchaux de faire quatre fers par cheval et les clous nécessaires. Il faut que ces fers et ces clous soient prêts le plus tôt possible.

M. Barbier, lieutenant de la compagnie d'élite, passera provisoirement dans la 5ᵉ compagnie. Le sous-lieutenant Legay fera son service dans la compagnie d'élite. M. Réal dans la 2ᵉ.

Saint-Pée, le 23 août 1813.

MM. les capitaines commandants de compagnie désigneront les chevaux indisponibles qui doivent partir demain matin pour le petit dépôt, c'est-à-dire ceux qui doivent être longtemps à guérir.

Ordre du régiment. — Je suis instruit que beaucoup de chasseurs prennent leurs chevaux pour aller porter chez les ouvriers leurs habits ou bottes. Les premiers qui seront rencontrés seront punis de huit jours de prison et démontés.

Saint-Pée, le 24 août 1813.

Ordre du régiment du 26 septembre 1813. — Le régiment se tiendra prêt à passer la revue de M. le baron Viorat, commandant la division de cavalerie légère, avec armes et bagages et en grande tenue. MM. les officiers seront en veste courte et pantalon hongrois gris.

MM. les capitaines et commandants de compagnie m'indiqueront, demain 27, les chevaux susceptibles de réforme. J'irai en passer la revue dans les cantonnements. J'en indiquerai l'heure et le jour.

Classement de MM. les officiers.

Élite. MM. Barbier, lieutenant. Ligny et Briant, sous-lieutenants.

5ᵉ. MM. Chambray, lieutenant. Fournier et Beau, sous-lieutenants.

2ᵉ.   Chauvet, lieutenant. Beauvallon et Réal, sous-lieutenants.

6ᵉ.   Gérard, Lefebvre et Gaget, sous-lieutenants.

7ᵉ.   Lemaire, lieutenant. Mazauber et Adam, sous-lieutenants.

Ordre du régiment du 28 septembre 1813. — Le commandant ordonne que les sieurs ci-après désignés soient reconnus dans le nouveau grade qui leur est confié, savoir :

Puech, maréchal des logis de la 2ᵉ compagnie, passe maréchal des logis en chef.

Galasse, maréchal des logis de la 6ᵉ compagnie avec son grade.

Rathelo, maréchal des logis de la 5ᵉ compagnie avec son grade.

Denezel, maréchal des logis de la 7ᵉ compagnie avec son grade.

Balandier, fourrier de la 6ᵉ compagnie avec son grade.

Claude, brigadier de la 7ᵉ compagnie avec son grade.

Pouradier, chasseur, passe brigadier.

Fusée, chasseur, passe brigadier.

5ᵉ compagnie.

Réal, maréchal des logis d'élite, passe maréchal des logis en chef.

Vilars, brigadier d'élite, passe maréchal des logis.

Clemonau, brigadier de la 2ᵉ, passe maréchal des logis.

Buvard, chasseur de la 7ᵉ. passe fourrier.

Buennigé, chasseur d'élite, passe brigadier.
Puech, chasseur d'élite, passe brigadier.
Maillot, chasseur de la 2ᵉ, passe brigadier.
Simonet, chasseur de la 2ᵉ, passe brigadier.
Balard, chasseur de la 6ᵉ, passe brigadier.

2ᵉ *compagnie.*

Barrol, brigadier de ladite compagnie, passe maréchal des logis.
Rethy, brigadier d'élite, passe maréchal des logis.
Saverot, chasseur d'élite, passe brigadier.
Best, chasseur d'élite, passe brigadier.
Bastide, chasseur de la 5ᵉ, passe brigadier.
Froger, chasseur de la 7ᵉ, passe brigadier.

6ᵉ *compagnie.*

Petitjean, fourrier de la 5ᵉ, passe maréchal des logis en chef.
Maringo, brigadier d'élite, passe maréchal des logis.
Fromentel, brigadier de la 7ᵉ, passe maréchal des logis.
Paris, chasseur d'élite, passe brigadier.
Garabion, chasseur d'élite, passe brigadier.

7ᵉ *compagnie.*

Thibaut, brigadier de ladite, passe maréchal des logis.
Brunel, fourrier d'élite, passe maréchal des logis en chef.
Gougon, chasseur de la 6ᵉ, passe brigadier.

Le Chef d'escadrons, commandant le régiment,
GERBAULT.

Ici se termine le livre d'ordres du 15ᵉ de chasseurs pour les années 1812-1813, période pendant laquelle le régiment fait partie de l'armée du Nord de l'Espagne. On se rend compte de l'importance que le colonel attachait aux pratiques du service intérieur pour maintenir la troupe en haleine tout le temps qu'elle passait dans les cantonnements, à la suite d'une expédition. Les appointements et la solde n'étaient pas régulièrement payés ; la difficulté des communications avec la France ne permettait pas de remplacer exactement les effets usés par les fatigues de la guerre. Il fallait donc au chef une vigilance de tous les instants pour avoir continuellement son régiment dans la main et conserver intacts la discipline et le sentiment du devoir militaire.

Dans ce livre, il est fait allusion au combat du 23 octobre 1812, dans lequel le 15ᵉ de chasseurs s'est couvert de gloire en mettant en déroute un corps de cavalerie ennemie.

Nous croyons qu'il est intéressant de donner ci-après, en annexe, des documents inédits et officiels, qui constituent la relation la plus exacte qui puisse être faite de ce combat.

COMBAT DE VILLADRIGO

23 octobre 1812.

Extraits de notes manuscrites laissées par M. de Bouïre de Beauvallon, alors sous-lieutenant au 15ᵉ de chasseurs à cheval et devenu, plus tard, colonel de cavalerie.

..... Cette charge, qui est citée dans les annales militaires, est remarquable en ce sens que la cavalerie française croisa le sabre, sans se désunir, avec la cavalerie anglaise, et que, pendant quelques minutes, les deux lignes, en présence l'une de l'autre, échangèrent des coups de sabre sans pouvoir se rompre.

..... La cavalerie anglaise était soutenue par plusieurs pièces d'artillerie placées sur la grande route et qui, un instant avant l'action de la charge, lancèrent des boulets creux, mais sans faire éprouver aux Français des pertes réelles et sans leur causer le moindre désordre. Une chute de cheval récente empêchant le général Laferrière de diriger sur le champ de bataille la cavalerie qu'il commendait, elle fut remise, ce jour-là, entre les mains d'un officier de cavalerie du plus grand mérite, non seulement parce qu'il savait prendre de bonnes dispositions devant l'ennemi, mais encore parce qu'il avait le rare talent d'avoir toujours en campagne un régiment parfaitement bien organisé et ménagé de manière à le présenter dans toutes les occasions avec avantage à l'ennemi.

Le général Faverot était alors colonel du 15ᵉ chasseurs et, quoique moins ancien que le colonel Béteille, celui-ci lui céda le commandement de cette troupe. Ce fut à sa détermination, à ses bonnes dispositions et à l'aide que lui prêta le brave colonel Béteille, que cette belle charge dut son succès.

Vers 1 heure après midi, le colonel Faverot reçut l'ordre d'atteindre l'ennemi, qui battait en retraite après avoir essayé inutilement, à plusieurs reprises et avec des forces importantes, d'emporter le château de Burgos où était enfermé le 34e de ligne avec le général Dubreton, aujourd'hui lieutenant général.

Cet ordre reçu, le colonel Faverot dirigea la cavalerie sous son commandement à une allure vive afin de rejoindre l'ennemi avant la chute du jour. Effectivement, après avoir soutenu l'allure du trot sur la grande route pendant près d'une heure et demie, et avoir été obligé ensuite de se jeter à la gauche de cette route au milieu des vignes et dans un terrain très inégal, on aperçut la cavalerie anglaise à deux portées de canon, rangée en bataille sous les murs de Villadrigo et ayant devant elle la plaine du même nom.

Le colonel Faverot mit en bataille toute la cavalerie, après toutefois en avoir distrait une réserve et toujours en conservant les allures vives. Il ordonna et fit sonner la charge à cinquante pas des lignes ennemies, qui se présentaient avec le plus grand ordre mais ne purent soutenir notre choc. La légion de gendarmerie eut, depuis cette belle affaire, le surnom de *Gendarmerie de Burgos.*

Le colonel Faverot reçut trois coups de sabre et son cheval en reçut autant sur la tête, ce qui le fit se cabrer et se renverser. Le colonel Béteille reçut aussi plusieurs coups de sabre et notamment deux sur la tête. On eut pour lui d'autant plus de craintes que ce brave officier fut renversé de son cheval et resta étendu par terre sans connaissance. Presque la totalité des officiers, du 15e surtout, furent plus ou moins blessés.

Cette charge eut lieu à 5 heures du soir en présence de toute l'armée française placée sur les hauteurs environnantes, ainsi que de l'armée anglaise dont une partie occupait le village de Villadrigo et les collines qui le dominent.

A la suite de cette affaire de Villadrigo, le colonel Faverot reçut le titre de baron avec une dotation ; le colonel Béteille fut nommé général, beaucoup de décorations furent accordées.

Toutes ces faveurs et tous ces avancements étaient une preuve non équivoque que l'Empereur avait été content de la conduite de ses soldats, car il n'en accordait guère à l'armée d'Espagne.....

Le *Journal de l'Empire* du mercredi 2 décembre 1812 donne l'extrait d'une lettre écrite à S. Exc. le ministre de la guerre par le général Souham, de Tordesillas à la date du 1er novembre. Il y est fait allusion au combat du 23 octobre.

L'armée anglaise, pressée si vivement, a senti alors la nécessité de soutenir la retraite d'une de ses colonnes qui suivait la route de Castroneriz, et qui allait se trouver débordée. Son arrière-garde a été renforcée de toute sa cavalerie, et elle a ralenti son mouvement à hauteur de Celada. J'ai donné de suite l'ordre à la brigade de cavalerie de l'armée du Nord de se porter en avant et de charger l'ennemi qui, malgré la supériorité du nombre, a été culbuté aussitôt qu'attaqué, et a abandonné le champ de bataille, qu'il a laissé couvert de morts et de blessés. *La cavalerie de l'armée du Nord s'est couverte de gloire dans cette journée.* M. le colonel Béteille, commandant la légion de gendarmerie, et M. le colonel Faverot, commandant le 15ᵉ de chasseurs, ainsi que le commandant des lanciers, se sont particulièrement distingués. Le premier a été grièvement blessé, et le second a reçu plusieurs coups de sabre. On a continué de poursuivre vivement l'ennemi, auquel on a fait quelques centaines de prisonniers. La nuit seule a suspendu nos succès.

Dans le numéro du jeudi 17 décembre 1812, le *Journal de l'Empire*, qui avait successivement publié les rapports des généraux commandant les armées du Portugal et du Nord, sur les opérations de ces deux armées, depuis leur mouvement sur Burgos jusqu'à la retraite des Anglais au delà du Douro, donne une relation plus complète de ces opérations, relation empruntée au rapport du chef de l'état-major de l'armée de Portugal, baron de La Martinière. On y trouve des détails dignes d'être connus et qui ne pouvaient entrer dans les dépêches expédiées à la hâte, au milieu de la marche et du mouvement rapide des armées.

Voici le passage qui a rapport à l'action engagée par la brigade auxiliaire de cavalerie de l'armée du Nord de l'Espagne.

Vers les trois heures après midi, on continuait à serrer l'ennemi de près dans sa retraite. La brigade auxiliaire de la cavalerie de l'armée du Nord fut mise en première ligne ; elle marchait à gauche de la route. Elle fut obligée, par un obstacle, à venir chercher passage sur la chaussée, entre Villaropèque et Villadrigo. A peine les trois premiers escadrons, dont un de lanciers de Berg, étaient formés au delà du défilé, que déjà, sous le feu du canon, à distance de 60 toises, elle se trouva à 150 pas de 9 escadrons dont 3 en première, 6 en seconde ligne, venant à elle au trot ; elle était adossée à un ruisseau.

Dans cette situation critique, le colonel Faverot, du 15ᵉ de chasseurs à cheval, s'élance au galop au-devant de la charge dont il est menacé ; on se mêle, on combat corps à corps avec acharnement, pendant 7 à 8 minutes ; les escadrons anglais fuient ; leur seconde ligne s'ébranle, mais alors le colonel Béteille venait de déboucher à la tête de la légion de gendarmerie ; il se jette sur son flanc droit, la défait et la chasse jusqu'à Villadrigo, sous la protection de l'infanterie. Cet engagement brillant, où

7 escadrons français ont croisé le sabre contre 9 escadrons anglais, coûte à l'ennemi environ 300 hommes mis hors de combat, dont 67 prisonniers, parmi lesquels 2 officiers supérieurs, 5 officiers subalternes, plus de 40 chevaux ; nous y avons eu 5 hommes tués, 95 blessés, dont 5 ont été pris. Le brave colonel Béteille y a reçu plusieurs blessures graves, qni donnent des inquiétudes pour ses jours.

Le colonel Faverot a été atteint de trois coups de sabre, dont aucun n'est dangereux. Tous les officiers de son régiment, deux exceptés, ont eu des blessures ou des contusions.

Enfin nous donnons ci-après *in extenso* le rapport adressé par le colonel Faverot au comte Caffarelli, général commandant en chef l'armée du Nord de l'Espagne, sur cette brillante affaire.

Cigalès, le 28 octobre 1812

Mon Général,

Votre Excellence aura su, à son arrivée à Burgos, le 22, les marches de la brigade de cavalerie des 21 et 22. Je me bornerai à vous rendre compte des événements qui ont suivi.

Le 23, à 4 heures du matin, la brigade est partie de Villatoro une demi-lieue à la droite de Burgos, et s'est dirigée par Frabril sur Celada où elle a pris la grande route. Après une halte d'une heure, elle s'est remise en marche sur Villadrigo ; elle en était encore à plus d'une grande lieue et demie lorsque le colonel Béteille reçut l'ordre de se porter en avant au trot et de gagner la tête de l'armée. Presque aussitôt on fit former la ligne et M. le général Maucune vint ordonner de marcher en cet ordre à l'ennemi et de le charger dès qu'on en serait à portée ; il prévint, au reste, que la brigade de dragons, qui occupait la droite de la grande route, dans le même ordre que nous la gauche, venait de recevoir les mêmes instructions et que nous aurions à nous conformer à ses mouvements. L'une et l'autre ligne s'ébranlèrent à l'instant au trot ; mais ce ne fut qu'après beaucoup de temps que nous arrivâmes aux tirailleurs ennemis, qui se tenaient au bord d'un ruisseau que l'on ne pouvait pas sauter, mais qui cependant ne faisait obstacle qu'à la gauche de la route. Je fis alors rompre la ligne par un mouvement de pelotons à droite en dirigeant la tête de la colonne à gauche pour pouvoir passer sur la chaussée et reprendre ma formation en avant du ruisseau. Ce mouvement s'exécuta avec beaucoup d'ensemble et de rapidité. Une partie de ma ligne était déjà formée, lorsque je m'aperçus que la brigade de dragons, qui avait essuyé le feu de 5 pièces d'artillerie, placées sur la grande route à petite distance, avait fait un à-droite par pelotons et se retirait au grand trot ; je ne voyais déjà plus que ses derniers pelotons. Mes escadrons de droite, composés des lanciers de Berg et de mon régiment n'étaient pas arrivés sur la ligne que je n'étais plus qu'à

150 pas de l'ennemi, qui présentait 3 escadrons de dragons anglais en première ligne et 6 en seconde. Les cinq pièces d'artillerie nous foudroyaient ;
nous en étions à peine à 300 pas ; aucune cavalerie ne se trouvait plus en
mesure de nous secourir en cas d'échec. Nous avions à dos le ruisseau dont
j'ai parlé ; notre position était périlleuse ; le moment était pressant. Je sentis
que tout mouvement rétrograde était dangereux pour ne pas dire inexécutable
devant un ennemi qui était alors si rapproché qu'il ne pouvait plus faire
usage de son artillerie, qui marchait à nous en bon ordre et qui aurait su
profiter du moment. Je n'hésitai pas ; je commandai la charge. Nous abor-
dâmes de front les Anglais, qui venaient à nous au trot. Il y eut une mêlée
de 7 à 8 minutes pendant lesquelles on se battit avec un acharnement extraordinaire de part et d'autre. Enfin la première ligne ennemie fut rejetée
sur la seconde. Celle-ci qui présentait un front double, s'avança à son tour.
Ses escadrons de droite furent à l'instant chargés, culbutés et enveloppés
par les escadrons de gendarmerie qui formaient notre gauche et arrivaient
sur la ligne. Enfin l'ennemi en désordre fut rejeté sur Villadrigo où il se
rallia sous la protection de son infanterie et de son artillerie. Si les dragons
se fussent avancés au même instant que nous, notre charge eût eu les plus
beaux résultats ; il est certain, du moins, que l'artillerie tombait en notre
pouvoir.

Nous avons pris à l'ennemi 2 officiers supérieurs, 5 officiers, 60 sous-
officiers et dragons et 40 chevaux. On peut, sans exagérer, évaluer sa perte
à 300 hommes tués, blessés ou prisonniers. La nôtre se compose de
5 hommes tués, 6 faits prisonniers, 11 officiers et 93 soldats blessés presque
tous légèrement.

M. le colonel Béteille, commandant la légion de gendarmerie, a été très
grièvement blessé ; cependant on n'est pas sans espérance sur son compte.
J'ai été moi-même atteint de plusieurs coups de sabre dont trois seulement
ont taillé ; ils n'ont rien de dangereux. Mon cheval a été abattu sous moi
de trois coups qu'il a reçus sur la tête.

Je ne puis pas assez louer, mon Général, la valeur et l'audace avec lesquelles nos troupes ont combattu. Chaque corps, chaque homme a fait
preuve de courage et d'intrépidité. On voit rarement un combat de cavale-
lerie aussi décidé, aussi brillant. Si vous le permettez, je vous ferai connaître par un rapport particulier les individus qui se sont distingués et je
vous prierai de solliciter pour eux les grâces de Sa Majesté.

Permettez aussi, mon Général, que je vous rappelle quelques circonstances de ce combat qui honorent particulièrement mon régiment. Il avait
en tête 3 escadrons de dragons et n'en avait que 3 lui-même, l'infériorité
d'arme était donc de son côté, son choc a sans doute décidé la victoire,
puisqu'il a vaincu la première ligne ennemie. Enfin, j'ai le plus grand
nombre de blessés et tous mes officiers, deux exceptés, ont des blessures ou
des contusions. Je sens que le bien que je dis de mon régiment peut pa-

raître suspect, mais je lui dois la justice de faire connaître tous ses titres de gloire.

Agréez, mon Général, l'hommage de mon attachement très respectueux.

Chevalier FAVEROT.

Voici le texte d'une lettre communiquée au colonel Faverot en réponse à l'état des propositions transmis par l'état-major au ministre de la guerre.

MINISTÈRE DE LA GUERRE.

2ᵉ division
—
TROUPES A CHEVAL.

Paris, le 24 décembre 1812.

Général, d'après les propositions que vous m'avez adressées en faveur de plusieurs officiers et sous-officiers du 15ᵉ régiment de chasseurs à cheval, qui se sont distingués au combat du 23 octobre dernier devant Villadrigo, j'ai décidé que M. Gerbaut, chef d'escadron, et M. Dupré, capitaine, seraient présentés, le premier pour l'un des premiers emplois vacants de major en second, et l'autre également pour l'un des emplois de chef d'escadron qui vaqueront dans l'arme. La nomination de MM. Blondel et de l'Espinasse à des emplois de capitaine étant trop récente pour présenter ces officiers à un grade supérieur, je leur écris des lettres de satisfaction qui leur donne l'assurance qu'aussitôt que leur ancienneté les en rendra susceptibles, leur avancement sera proposé. J'ai approuvé que MM. Bitzberger, Roux, lieutenants ; Carbre (*sic*), d'Espinette, sous-lieutenants ; Briant et Réal fussent compris au nombre des officiers et sous-officiers de leurs grades désignés pour l'avancement.

Je vous prie de donner des témoignages de satisfaction à ces militaires, en leur faisant connaître ces dispositions.

Agréez, Général, etc.

Le Ministre de la guerre,

Signé : Duc DE FELTRE.

Pour copie conforme :

Le Général en chef,

Comte CAFARELLY.

Par ordre :

Le Général de brigade,

LA FERRIÈRE.

On ne peut mieux terminer cette relation du combat de Villadrigo qu'en citant les deux lettres suivantes qui font le plus grand honneur au colonel du 15° de chasseurs.

Vittoria, le 17 février 1813.

Je ne veux pas partir de Vittoria, mon cher Colonel, sans vous faire mes adieux, et sans vous dire combien j'éprouve de peine de me séparer de vous. Si je puis vous être bon à quelque chose à Paris, veuillez bien m'écrire avec confiance et je m'empresserai de faire tout ce qui sera en mon pouvoir pour vous prouver mon estime et mon attachement.

Comte CAFARELLY,

Général en chef de l'armée du Nord de l'Espagne.

Le général de division P. Dumoustier, colonel du corps des chasseurs à pied de la Garde impériale,

A M. le colonel Faverot, commandant le 15° régiment de chasseurs à cheval.

J'ai reçu, mon cher Colonel, par M. Le Bahier, la lettre que vous m'avez fait l'amitié de m'écrire, hier, de la Puebla, me portant le relevé dé vos états de services.

Mon intention, en vous les demandant hier, était de chercher, lorsque je serais arrivé à Paris, de vous proposer pour entrer avec votre grade dans la Garde. Vous ne devez pas douter du prix que j'attache à voir l'Empereur entouré d'officiers instruits et distingués. Malheureusement, comme ancien officier de la Garde du Directoire, des Consuls et de la Garde impériale, j'ai vu souvent proposer pour servir dans la Garde, des mâchoires et des ivrognes, qui n'avaient d'autre mérite qu'un physique déshonoré par l'effet du cabaret. Il est donc du devoir de chercher à entourer notre Empereur d'officiers et soldats qui, indépendamment de la bravoure personnelle, aient des talents et de la moralité. Je désire donc que vous puissiez bientôt nous rejoindre dans la Garde, et croyez que je regarderai votre nomination comme personnelle.

Je pars ce soir pour rentrer en France. J'éprouvais depuis 18 mois un serrrement d'estomac, motivé sur notre hideuse position en Espagne. J'ai besoin de revoir notre patrie, et de me rendre ensuite en Pologne, car je suis attaché par caractère national à la cause des Polonais.

Conservez-moi une part à votre amitié et ne doutez jamais de la mienne.

Vittoria, 20 février 1813, Midy.

P. DUMOUSTIER.

IIe PARTIE

Ordres de l'armée, de la division, de la brigade, de la place.

Tant de villes prises, tant de combats gagnés, tant de défenses héroïques, qui marquèrent les succès de l'armée du Nord de l'Espagne, engagent l'écrivain à reprendre l'histoire d'une époque sur laquelle bien des faussetés ont été dites, pendant laquelle des fautes multiples ont été commises et des intrigues de toutes sortes mises en jeu.

Aussi, on croit nécessaire de rappeler encore que ceux qui liront cette étude ne doivent pas y chercher une relation des campagnes, des considérations sur la guerre, encore moins des aperçus sur les événements qui ont fixé les destinées de l'Empire. On ne s'est attaché qu'à reproduire des documents, qui ne méritent d'attirer l'attention que parce qu'ils peignent bien les mœurs des troupes en campagne et peuvent servir d'instruction à une génération que l'on n'habitue pas assez à connaître les mille détails de la vie régimentaire, — détails considérés, trop souvent, comme une quantité à peu près négligeable, tandis qu'ils sont la véritable cheville ouvrière de l'état militaire.

1812.

Comme on l'a vu, le premier ordre du régiment est daté du 28 février. Ceux de la division portent une date antérieure.

Atmania, le 6 janvier 1812.

Le général met à l'ordre du jour la lettre suivante de M. le général de division comte Caffarelly, datée de Saragosse au 5 janvier.

Je m'empresse de vous annoncer, mon cher général, que le 27 décembre, l'armée de Blake a été battue et jetée dans Valence avec son général, à l'exception de quelques troupes. La ville a été investie et la tranchée ouverte dans la nuit du 1er au 2. Ceci est officiel ; annoncez-le aux troupes. Un aide de camp de M. le maréchal Suchet arrive à l'instant pour m'en faire part.

Signé : *Le Général de division,*
Comte CAFFARELLY.

CAPITULATION DE VALENCE.

Capitulation conclue entre S. E. le maréchal de l'Empire, comte Suchet, commandant en chef l'armée d'Aragon, et S. E. le général en chef Blake, commandant en chef les 2e et 3e armées espagnoles, pour l'occupation de la ville de Valence.

Art. 1er. — La ville de Valence sera livrée à l'armée impériale, sa religion sera respectée ; les habitants et les propriétés seront respectés.

Art. 2. — Il ne sera fait aucune recherche pour le passé contre ceux qui auraient pris une part active à la guerre ou à la Révolution. Il sera permis à ceux qui voudraient, d'ici à trois mois, de s'en aller avec l'autorisation du commandant militaire, pour transporter ailleurs leurs familles et leur personne.

Art. 3. — L'armée sortira avec les honneurs de la guerre par la porte Sezanos et déposera les armes au delà du pont sur la rive gauche du Guadalquivir. Les officiers conserveront leurs épées ainsi que leurs chevaux et équipages et les soldats leurs sacs.

Art. 4. — M. le général Blake offrant de rendre les prisonniers français et alliés des Français, qui se trouvent à Majorque, Alicante et Carthagène, un pareil nombre de prisonniers espagnols restera dans les places au pouvoir des Français jusqu'à ce que l'échange puisse être consommé homme pour homme et grade pour grade. Cette disposition sera applicable aux commissaires des guerres et aux employés militaires prisonniers des deux côtés. L'échange se fera successivement et commencera dès l'arrivée des prisonniers espagnols et français qui seront annoncés par M. le général Blake.

Art. 5. — Aujourd'hui 9 janvier, dès que la capitulation sera signée, la porte de la mer et la citadelle seront remises à des compagnies de l'armée impériale commandées par des colonels.

Demain, à 8 heures du matin, la garnison sortira de la place par la porte Sezanos, tandis que 2,000 hommes sortiront par la porte Saint-Vincent pour se rendre à Alegra où ils seront détenus jusqu'à l'arrivée d'un pareil nombre de Français venant d'Alicante.

Art. 6. — Les officiers en retraite, qui se trouvent en ce moment dans Valence, seront autorisés à y rester s'ils le désirent ; il sera pourvu au moyen d'assurer leur existence.

Art. 7. — Les généraux commandants d'artillerie et du génie et les commissaires des guerres remettront aux généraux et commissaires français, chacun dans sa partie, l'inventaire de tout ce qui dépend de leur service.

Fait à Valence, le 9 janvier 1812.

Le Général de brigade, chef d'état-major de l'armée d'Aragon,

Signé : Saint-Cyr Nugues.

Convenu de la présente capitulation :

Signé : Joachim Blake.

Le Général de division,
Signé : Juzard, chargé par le général en chef Blake.

Approuvé la présente capitulation :

Le Maréchal d'Empire,
Comte Suchet.

Lungaril, le 25 janvier. — Le général de brigade commandant, sur le rapport qui lui a été fait qu'une grande quantité de vin a été enlevée furtivement des caves de différents particuliers de cette ville pour les troupes de la brigade, ordonne que ne pouvant connaître le fauteur de ce vol et étant persuadé que tous les corps y ont contribué en grande partie, que MM. les chefs de corps composant actuellement la brigade se rendront chez lui à 4 heures pour de là et conjointement avec le corregidor de la ville se transporter dans les caves de la ville où le vin a été pris et en faire l'inventaire après en avoir déterminé la quantité, ce préalable rempli, MM. les chefs de corps voudront bien payer comptant ou par des bons valables sur la caisse de leurs corps, à chaque propriétaire le prix du vin qui lui a été enlevé, sauf à eux à en faire la retenue sur la solde des sous-officiers et soldats sans restriction.

A l'avenir, la même disposition sera prise dans le pareil cas, sans préjudice de la tradition des coupables à une commission militaire lorsqu'ils seront connus.

Comme il y a eu beaucoup de négligence dans le devoir des patrouilles et des sentinelles placées aux fours, aux magasins et aux caves, on voudra bien se tenir pour prévenu que les chefs de patrouilles et les sentinelles, qui n'auront pas empêché le pillage, qui se seraient laissé forcer de quelque manière que ce soit sans avoir fait feu et usage de la baïonnette sur le délinquant, seront traduits à une commission militaire.

Le général ayant remarqué avec peine qu'il existe, depuis quelques jours, une grande mésintelligence entre les corps de la brigade et ayant été informé que des duels avaient eu lieu, recommande à MM. les chefs de corps d'apporter la plus grande attention et par tous les moyens qui sont en leur pouvoir pour rétablir le bon ordre et l'harmonie qui doivent faire distinguer les troupes d'une même nation et celles d'une même division. Il prévient, au surplus, que si la recommandation qu'il fait n'a pas le succès qu'il a le droit d'en attendre, et que les duels continuent, il prendra toutes les mesures possibles pour faire sortir les champions et leurs témoins qu'il traduira en jugement.

Le régiment est informé du décret du 25 décembre 1811 qui a rapport aux drapeaux et étendards. Voici les articles qui ont rapport à la cavalerie :

Aucun corps ne peut porter pour enseigne l'aigle française s'il ne l'a reçue des mains de l'Empereur et s'il n'a prêté le serment par ses députés de mourir pour la défendre.

Elle n'est donnée qu'aux corps de cavalerie qui ont plus de 600 chevaux.

Lorsque l'étendard, qui est actuellement attaché aux aigles, sera usé par le temps, et au plus tôt tous les deux ans, le ministre de la guerre proposera à l'Empereur l'envoi au corps d'un nouvel étendard sur lequel sera brodé, d'un côté : « Napoléon à tel régiment » et de l'autre le nom des batailles de la Grande-Armée auxquelles ce régiment se sera trouvé, savoir : Ulm, Austerlitz, Iéna, Eylau, Friedland, Eckmühl, Essling, Wagram.

Ordre de l'armée, 24 février 1812.

Nous, général en chef de l'armée du Nord de l'Espagne, comte de l'Empire, grand-officier de la Légion d'honneur, considérant que ce n'est qu'après des avis multiples aux communes qui désirent de s'acquitter de leurs contributions que la force militaire est employée pour les contraindre, que si leur refus ou leurs retards à obéir aux ordres qui leur sont adressés restaient impunis, ceux qui, jusqu'à ce jour, ont payé volontairement, ne tarderaient pas à imiter leur exemple :

Art. 1er. — Les fournitures, faites aux troupes par les districts dans lesquels elles sont envoyées pour presser à la rentrée des contributions, ne seront point retenues en déduction de ce qu'il restait à cette époque pour les communes de ce qu'elles donnent à l'avenir.

Art. 2. — Si, dans les vingt-quatre heures qui suivent l'arrivée des détachements chargés de recouvrer les contributions, les communes ne se sont pas libérées de la totalité de ce qu'elles doivent, elles payeront à titre d'amende une demi-piécette par jour et par soldat composant le détachement.

Art. 3. — Le commandant du détachement, en délivrant le reçu des sommes qu'il touchera, en vertu des dispositions de l'article 1er, indiquera toujours le nombre d'hommes composant le détachement et les noms des régiments auxquels ils appartiennent.

Art. 4. — Les généraux gouverneurs et les lieutenants-généraux sont chargés de l'exécution du présent.

Signé : Comte DORSENNE.

La maraude était réprimée avec la plus grande vigueur.

Par ordre du général comte Caffarelly, un brigadier du régiment qui était à l'arrière-garde avec 4 hommes sous ses ordres, est cassé de son grade et mis à la gauche de la compagnie pour avoir permis aux chasseurs de le quitter pour enlever des bestiaux.

Ordre de la place du 24 février.

MM. les officiers sont prévenus que la consigne donnée aux portes, qui les empêchait de sortir de la ville, est levée.

Dans la journée du 20 février, des habitants ont refusé d'ouvrir leurs portes à des militaires. Ils ont eu chacun quatre soldats logés chez eux, qu'ils ont nourris pendant deux fois vingt-quatre heures. Cette punition leur a été infligée pour leur apprendre à traiter les militaires français avec les égards qui leur sont dus.

Plusieurs sous-officiers et soldats se permettent de sortir après la retraite, malgré les ordres existants. Le commandant prévient que tous ceux qui seront arrêtés seront punis rigoureusement. La retraite sera battue et sonnée à 6 heures.

Tous ceux qui, une demi-heure après la retraite, seront arrêtés, seront punis.

Je renouvelle mon ordre qui défend aux militaires de trotter et de galoper dans les rues et sur les promenades.

Le Commandant de la place,
Signé : VANDEN CAPPELIN.

Pampelune, le 2 mars 1812. — Le sieur Charbonnier, lieutenant au 75ᵉ régiment d'infanterie de ligne, qui a eu la lâcheté de capituler devant la misérable bande de Campillo, d'évacuer le poste retranché de Manello, qu'il défendait avec 60 hommes, de livrer ses cartouches en défilant ignominieusement dans les rangs ennemis et qui, après cette conduite infâme, est rentré à Santena sans avoir perdu un seul homme, sera arrêté et traduit à un conseil de guerre pour y être jugé selon les rigueurs des lois de l'Empire.

Le général Duberton, commandant la province de Santander, sera chargé de l'exécution du présent.

Pampelune, le 24 mars 1812. — Par jugement rendu à Pampelune le

22 de ce mois par le conseil de guerre permanent de la 2ᵉ division du corps d'observation de l'armée du nord de l'Espagne :

Les nommés Hubert-Joseph Leclerc, capitaine au 3ᵉ régiment de ligne, et Pierre Pascal, sous-lieutenant au même corps, ont été condamnés à la peine de mort pour vol avec effraction, commis par eux à Lerin, en Navarre, le 8 mars 1812.

Le Général, chef d'état-major,
Baron LE CANUS.

On a beaucoup écrit sur le pillage de notre armée pendant la guerre d'Espagne. Non sans quelque raison, des écrivains autorisés ont flétri l'attitude de certains chefs qui ont justifié ce dicton : « Mort du soldat, ruine de l'officier, fortune des généraux. »

Il ne rentre pas dans le cadre de cette étude analytique de reprendre une discussion historique, de faire la lumière sur une question que des documents officiels ont tranchée depuis longtemps. On se borne à citer des ordres qui prouvent avec quelle énergie on cherchait à mettre les troupes à l'abri d'un entraînement fâcheux.

Le fanatisme religieux et le patriotisme des populations, l'arriéré de la solde, d'autres causes encore ne suffisaient point pour justifier les infractions aux règles du droit des gens et de la discipline.

Un détail de l'alimentation des chevaux est indiqué dans l'ordre du 15 avril, Pampelune.

Il manque de l'orge pour assurer la distribution des rations pour les chevaux. On ne peut, en ce moment, pourvoir à ce genre de service que pour des rations de fèves, à raison de 6 rations le *robos*. Cette distribution aura lieu à commencer d'aujourd'hui et sera continuée jusqu'à nouvel ordre.

Il est bon de recommander qu'il faut que les fèves soient mises dans l'eau pendant quelques heures avant de les faire manger aux chevaux pour les mollir et les rendre plus faciles à digérer.

Le Général gouverneur,
Signé : ABBÉ.

Le général Abbé prend, le 30 avril, le commandement de la 3ᵉ division du corps d'observation de réserve en remplacement du général comte Caffarelli, nommé commandant en chef de l'armée du nord de l'Espagne par décret impérial du 13 avril.

Au quartier général de Vittoria, le 6 mai 1812.

S. M. a daigné me nommer commandant en chef de son armée du Nord de l'Espagne en remplacement de M. le général comte Dorsenne que l'état de sa santé force à rentrer en France.

Je sens toutes les obligations qui me sont imposées. Je ferai mon possible pour les remplir et justifier la confiance dont l'Empereur a daigné m'honorer. Je compte sur le zèle et l'activité de MM. les officiers généraux, sur la discipline et la bravoure des troupes. Personne ne sera porté plus que moi à leur rendre justice et n'aura plus de sollicitude pour leur bien-être. Je n'aurai pour y parvenir qu'à suivre les errements que m'a laissés mon prédécesseur. Tous ses moments ont été consacrés à l'exercice de ses devoirs. Il emporte nos regrets, il nous laisse des exemples.

Que l'honneur soit toujours notre guide! Forçons, par notre conduite, l'estime de nos ennemis mêmes et rappelons-nous toujours que nous sommes Français et soldats de l'Empereur.

Tous les règlements de police et de discipline resteront en vigueur.

Tous les ordres du jour continueront à recevoir leur exécution.

Le quartier général est établi à Vittoria, etc.

CAFFARELLY.

Plusieurs ordres, dans ce livre, ont rapport à la messe et à la parade auxquelles des détachements assistent chaque dimanche et les jours de fête.

Avant de quitter son commandement, le comte Dorsenne avait donné des instructions pour la remonte de la cavalerie.

15 avril. — Nous, général en chef de l'armée du Nord de l'Espagne, comte de l'Empire, grand-officier de la Légion d'honneur,

Vu les rapports qui nous ont été faits sur la nécessité de pourvoir au remplacement des chevaux que les régiments de cavalerie ont perdus,

Voulant pourvoir à ce remplacement par les ressources du pays,

Sur la proposition de l'intendant général :

Art. 1er. — Il est fait un appel général de tous les chevaux existant dans l'étendue du territoire de l'armée du Nord.

Art. 2. — Il sera établi dans chaque chef-lieu du gouvernement un comité chargé de la visite et de l'examen des chevaux, qui seront présentés à la réception, et de prononcer leur rejet ou admission, selon qu'ils seront jugés impropres ou propres au service.

Art. 3. — Ce comité sera composé du commandant de la place, d'un officier supérieur de cavalerie et du commissaire des guerres ; il sera assisté d'experts.

Art. 4. — Tout propriétaire de chevaux sera tenu, à la notification du présent arrêté, de les présenter à l'examen et à la visite du comité sous peine de confiscation, ou de deux mille *piécettes* d'amende, par cheval, en cas de soustraction.

Art. 5. — Les alcades seront tenus de fournir leur déclaration, ou de la non-existence de chevaux dans leur commune ; et celui, dont la déclaration serait reconnue fausse, sera puni de deux mois de détention pour forme de police correctionnelle.

Art. 6. — Les chevaux reconnus impropres au service seront rendus au propriétaire pour être employés aux travaux de la commune. Il leur sera délivré un bulletin de visite pour les mettre à l'abri de toutes recherches, mais, avant de leur en faire la remise, le comité chargé de l'inspection ordonnera qu'en sa présence lesdits chevaux soient privés de la vue.

Art. 7. — Les chevaux, jugés propres au service, resteront en dépôt à la disposition du général commandant la cavalerie. Il sera délivré à chaque propriétaire un certificat d'admission qui deviendra le titre de la fourniture.

Art. 8. — Les commandants des colonnes mobiles s'assureront, dans leurs courses, de l'exécution de ce qui est prescrit par l'article 6.

Une des dispositions de cet arrêté paraît quelque peu barbare, celle qui a rapport aux chevaux destinés aux travaux de la campagne. Il faut se reporter à l'époque où ces mesures ont été prises, se rendre compte que les Espagnols étaient soulevés, cherchaient tous les moyens propres à entraver l'action de l'armée française. Par sa prescription, le général Dorsenne les mettait dans l'impossibilité de remonter non seulement leur cavalerie, mais d'utiliser les animaux que l'on était parvenu à faire échapper au contrôle du corps occupant le nord de l'Espagne.

La guerre a souvent des nécessités cruelles. On se rappelle que lors de l'évacuation de la Crimée en 1856, les chevaux que l'on ne pouvait vendre aux Russes et Tatars, dont le transport aurait été trop onéreux sans bénéfice pour la remonte des corps de troupes à cheval, étaient jetés du haut des falaises dans la mer après avoir eu le pied coupé pour représenter, comme le règlement le prescrivait, le sabot à M. l'intendant chargé de vérifier le certificat d'abatage.

Le général en chef ne manquait jamais une occasion de faire connaître aux troupes placées sous ses ordres les actions d'éclat des détachements et les punitions infligées pour fautes contre la discipline ou l'honneur militaire. On citera quelques-uns des ordres qui ont rapport à la défense des places, aux capitulations, aux coups de main, etc.

Au quartier général de Vittoria, le 19 mars 1812.

Le 5 de ce mois, le poste de Suzamont, près de Burgos, fut attaqué, à 5 heures du matin, par une réunion de bandes fortes de 4,000 à 5,000 hommes, ayant deux pièces de canon. L'attaque commença à 6 heures et demie avec beaucoup de vivacité. M. Lafitte, capitaine au 18e de dragons, avait fait de si bonnes dispositions et la garnison était animée d'un si bon esprit, que l'ennemi fut obligé de se retirer à 6 heures du soir, laissant sur la place plus de 26 hommes et 8 chevaux tués, après avoir tiré plus de cent coups de canon; nous n'avons eu qu'un seul dragon de blessé.

Le 9, une escorte, qui rentrait de Celada à Burgos, fut attaquée près de Buniel par toute la bande du curé, forte de 1,500 à 1,600 hommes, tant infanterie que cavalerie. Cette escorte, qui était composée de 120 hommes du 113e régiment et de 50 hussards du 10e, se trouva attaquée, enveloppée en tête et en queue au moment où la tête arrivait au village de Buniel. La cavalerie chargea vigoureusement, se rallia ensuite à l'infanterie et rentra à Celada n'ayant éprouvé qu'une perte peu considérable et ramena la malle. Le capitaine Schindler, du 113e, fit une si bonne contenance que l'ennemi ne put pas l'entamer.

M. Frantgier, sous-lieutenant au 10e de hussards, a montré beaucoup de bravoure, d'intelligence et de résolution. Ces deux faits prouvent que l'on peut tout espérer avec du sang-froid, de l'audace et surtout de l'ordre.

Le 16, une colonne, commandée par M. le baron d'Arques, composée du 3e régiment de tirailleurs de la garde, de 600 hommes du 28e régiment de ligne et de 200 chevaux escortant un convoi de fonds, rencontra sur la hauteur d'Ormasseguï, entre Tolosa et Villareal, la bande de Mina, réunie à celle du Pastor, au nombre de 4,000 hommes.

L'ennemi occupait une position formidable, mais le colonel d'Arques fit attaquer son centre et sa gauche, tandis que 400 hommes aux ordres de M. Monnier, chef de bataillon, marchaient pour couper la retraite sur Segura en tournant la droite. Cette manœuvre, aperçue de l'ennemi, le détermina à abandonner sur-le-champ ses positions afin de pouvoir rentrer dans Segura. Il se mit dans la déroute la plus complète et arriva à l'entrée de cette petite ville au moment où la colonne de M. Monnier y arrivait à demi-portée de fusil. L'ennemi défila sous le feu de cette colonne, qui lui a fait le plus grand mal. Si M. le colonel d'Arques n'avait pas eu un envoi aussi précieux à garder, il en aurait fait un carnage affreux.

La perte de l'ennemi, tant tués que blessés, a été très considérable. Les

troupes ont montré le plus grand calme et la plus grande résolution. M. Car-
ron, capitaine, a été blessé. M. Monnier, chef de bataillon, a donné une
nouvelle preuve de ses talents et de sa promptitude à prendre un parti dé-
cisif.

M. Ramand, adjudant-major, M. Chiraque, lieutenant, M. Schudzer,
sous-lieutenant de tirailleurs, se sont particulièrement distingués. Le nommé
Lamarche, tirailleur du 3° régiment, ayant été blessé à la main d'un coup
de pistolet, s'est élancé sur le cavalier qui l'avait blessé et a tué l'homme
et le cheval à coups de baïonnette.

MM. Gaillard, adjudant-major, Bertrand, capitaine, Buzer et Bayot,
sous-lieutenants, Feuiller, sergent-major au 28° de ligne, méritent aussi
de grands éloges. Les jeunes soldats de ce régiment se sont parfaitement
conduits. Notre perte a été de 5 hommes tués et 21 blessés.

Le Général commandant en chef,
Comte CAFFARELLY.

Pour ampliation :

Le Général chef d'état-major général,
Baron LE CAMUS.

Les Espagnols qui, dans cette guerre, ont prouvé que les plus
belles défenses faites par les troupes n'approchent pas de celles
qu'exécutent les habitants lorsque, par un fanatisme quelconque,
leurs yeux sont fermés sur tous les dangers et leur cœur à toute
crainte, ne tenaient aucun compte des mesures prises pour faire
respecter les propriétés. Il n'en était pas de même dans l'armée
française.

Au quartier général à Vittoria, le 19 mai 1812.

Des plaintes ont été portées au général en chef de la part des communes
et des propriétaires sur les dégâts commis dans la campagne par les militaires. Les uns se permettent d'aller à la chasse sur les champs ensemen-
cés ; d'autres les parcourent à cheval et causent aux propriétaires des dégâts
très considérables ; d'autres se permettent de faucher les récoltes pour la
nourriture de leurs chevaux et, dans les marches, on les y laisse pâturer.

Ces abus sont un attentat au droit sacré de la propriété. Ils nuisent à
l'armée parce que l'on consomme ou l'on perd sans fruit des denrées qui
peuvent lui être utiles ; on diminue les recettes des caisses publiques ; on
mécontente d'ailleurs les habitants.

Pour remédier à tous ces inconvénients, le général en chef ordonne à
tous les officiers généraux, gouverneurs, commandants des provinces, à

tous les commandants de places ou postes militaires, de veiller avec le plus grand soin à la conservation des récoltes, de faire arrêter et punir les personnes attachées à l'armée qui se permettraient de les faucher ou de les faire paître à leurs chevaux ; d'accueillir, à ce sujet, toutes les plaintes qui seraient portées par les autorités locales ou par les habitants, et d'y faire droit. Les chefs de détachement en marche sont responsables des dégâts que commettraient les troupes sous leurs ordres. La chasse est prohibée jusqu'à nouvel ordre.

MM. les officiers de gendarmerie sont spécialement chargés de l'exécution de cet ordre, qui intéresse aussi essentiellement l'ordre public que le bien de l'armée.

Le présent ordre sera lu à la tête de toutes les troupes pendant dix jours ; il sera communiqué à tous les détachements qui entreront dans l'arrondissement, dans l'armée et à tous les employés d'administration.

Un capitaine de la garnison était chargé, comme cela se passe aujourd'hui, de visiter journellement les hôpitaux et les prisons militaires. Ces officiers sont invités à faire leur rapport tous les matins, à 10 heures 1/2, sur ce qu'ils auront remarqué et réclamations qu'on leur a faites, au commandant de place et de là, ils iront de même rendre compte de leur visite au général gouverneur.

On tient à signaler tous ces détails du service pour bien montrer que les grandes lignes du règlement du 2 novembre 1833 ont été empruntées à des décisions qui, en temps de guerre, assuraient l'accomplissement exact des devoirs de chacun.

Au quartier général de Vittoria, le 24 mai 1812.

Le général en chef s'empresse de faire connaître à l'armée la belle conduite de la garnison d'Aguilar-de-Campo, composée de 73 hommes du régiment de la garde de Paris et du résultat de la belle défense qu'elle a faite, depuis le 27 avril jusqu'au 15 de ce mois. L'exposé ci-après sera une nouvelle preuve de ce que peuvent la résolution et l'ordre d'une poignée de braves qui sentent la dignité du caractère du soldat français et qui sont destinés à le soutenir. On jugera de l'honneur et des sentiments qui les ont animés.

Le 27 avril dernier, il arriva, devant Aguilar, un parti espagnol de 1,000 hommes et, le 28, à peu près 2,500. Le même jour, Mandizabal arriva avec une faible escorte ; le 29, il envoya un parlementaire avec un tambour et un drapeau blanc.

Aussitôt que l'officier espagnol parut sur le pont, qui conduit au fort, pour communiquer les intentions de Mandizabal, on lui cria de se retirer ou qu'on ferait feu sur lui, le commandant ne voulant entendre aucune proposition. Dans l'heure suivante, l'ennemi envoya deux autres parlementaires sur deux points différents, qui reçurent la même réponse. L'ennemi parut se retirer.

Le 30, la troupe ennemie se mit en marche prenant la route d'Erara et de Sasamon, sauf deux régiments, dits de Cantabes, qui, par des gardes très fortes et se touchant presque, bloquèrent le fort jusqu'au retour des colonnes qui arrivèrent le 6 mai.

Le 9, à 6 heures du matin, la troupe espagnole reçut l'eau-de-vie ; 200 échelles à trois branches étaient disposées pour monter à l'assaut. Avant de tenter cette opération, un colonel espagnol se plaça de manière à reconnaître l'endroit le plus faible du corps. Il s'aperçut que de toutes parties on était en mesure. Effectivement, les troupes françaises brûlaient d'en venir aux mains avec l'ennemi. Le colonel espagnol n'osant pas risquer de donner l'assaut, obtint de Marguesita de révoquer l'ordre qu'il en avait reçu.

Deux jours après, il amena à l'ennemi une pièce de douze qui a tiré infructueusement pendant deux jours sur le fort.

Le 12 au soir, les régiments espagnols ont commencé à défiler et le 15 au soir, toutes les troupes étaient parties.

Le détachement, qui forme la garnison de ce fort, avait fait le serment de se faire tuer jusqu'au dernier plutôt que de se rendre.. Pendant 19 jours, que le fort a été bloqué, la fusillade de nuit et jour n'a pas cessé. La garnison n'a eu que deux hommes tués, un officier et trois soldats blessés ; l'ennemi, au contraire, a eu beaucoup d'hommes tués et blessés.

On ne saurait assez louer la conduite de M. le capitaine Leblanc et de sa brave garnison. On fera connaître le nom de ceux des militaires qui se sont le plus distingués. Cet exemple, ajouté à ceux de Sasamon, Monesterio, Cuba et Selada prouvent ce que l'on peut attendre de la décision d'un commandant de poste, et du peu de valeur de cette multitude de gens enlevés par une violence à leurs familles et à leurs travaux.

Les commandants de détachements et de postes militaires doivent bien se pénétrer des exemples qu'on vient de leur citer. Ils doivent s'occuper du bien-être de leurs soldats et de leur inspirer de la confiance en eux-mêmes. Si des détachements et des postes ont éprouvé des échecs, on ne doit l'attribuer qu'au manque du sentiment de sa propre valeur, à l'inexpérience et surtout à la faiblesse de ceux qui les commandent.

On éprouve une grande satisfaction à enregistrer ces faits isolés dont la grandeur ne pourrait, cependant, effacer de la mémoire de nos soldats une capitulation honteuse, signée quelques années auparavant par un général intelligent, capable, brillant au feu, mais qui n'avait pas eu l'indomptable fermeté de Masséna à Gênes et à Essling. Dupont, à Baylen, avait livré d'invincibles soldats à des troupes sans consistance et, si ce n'est pas l'occasion de revenir ici sur cette humiliation, on ne peut s'empêcher de rappeler ce passage des mémoires du duc de Rovigo : « La capitulation portait qu'il y aurait un certain nombre de caissons qui ne seraient pas visités et c'étaient ceux-là qui auraient dû l'être. Tout le monde était plus occupé de suivre de l'œil les caissons réservés et non soumis à la visite. Enfin chacun fut puni par où il avait péché. Les soldats indiquèrent les caissons qu'ils regardaient comme la cause de l'affront qu'on leur avait fait et dirent qu'ils contenaient, bien plutôt que des hâvres-sacs, les objets que l'on cherchait. Les Espagnols ne se le firent pas dire deux fois et les pillards furent pillés à leur tour. »

La faute des généraux entourant Dupont fut de le pousser à la capitulation et, après avoir vaillamment combattu sur le champ de bataille de Baylen, de montrer la plus coupable faiblesse dans la négociation générale, cédant à toutes les menaces des généraux espagnols comme s'ils avaient été les plus lâches des hommes, tandis qu'ils étaient au nombre des plus braves.

L'ordre général du 1er juin 1812, lu aux troupes de l'armée du nord de l'Espagne, porte :

Sa Majesté a rendu le 1er mai, le décret suivant : Napoléon, Empereur des Français, roi d'Italie, protecteur de la Confédération du Rhin, etc., etc.,

Considérant que tout général ou commandant militaire, de quelque grade qu'il soit, à qui nous avons confié un corps d'armée, une place de guerre, ou qui se trouve avoir sous ses ordres une portion quelconque de nos troupes, en est comptable à nous et à la France ;

Considérant que s'il les perd avant de s'être défendu à outrance, il peut compromettre le salut de l'armée, l'intégrité du territoire, l'honneur de nos armes et la gloire du nom français ;

Qu'il est criminel ou répréhensible suivant les circonstances, s'il livre sa place ou sa position militaire, soit par lâcheté, négligence, imprévoyance ou faiblesse, ou par trop de facilités à prêter l'oreille à des propositions d'autant plus déshonorantes qu'elles sont plus avantageuses ;

Sur le rapport de notre ministre de la guerre,

Notre Conseil d'État entendu,

Avons décrété et décrétons ce qui suit :

Art. 1er. — Il est défendu à tout général, à tout commandant d'une troupe armée, quel que soit son grade, de traiter en rase campagne d'aucune capitulation, par écrit ou verbale.

Art. 2. — Toute capitulation de ce genre, dont le résultat aurait été de faire poser les armes, est déclarée déshonorante et criminelle, et sera punie de mort. Il en sera de même de toute autre capitulation, si le général ou commandant n'a pas fait tout ce que lui prescrivaient le devoir et l'honneur.

Art. 3. — Une capitulation dans une place de guerre assiégée et bloquée est permise dans les cas prévus par l'article suivant :

Art. 4. — La capitulation dans une place de guerre assiégée et bloquée peut avoir lieu : si les vivres et munitions sont épuisés, après avoir été ménagés convenablement ; si la garnison a soutenu un assaut à l'enceinte sans pouvoir en soutenir un second, et si le gouverneur ou commandant a satisfait à toutes les obligations qui lui sont imposées par notre décret du 24 décembre 1811. Dans tous les cas, le gouverneur ou commandant, ainsi que les officiers, ne sépareront pas leur sort de celui de leurs soldats et le partageront.

Art. 5. — Lorsque les conditions exigées dans l'article précédent n'auront pas été remplies, toute capitulation ou perte de la place qui s'ensuivra est déclarée déshonorante et criminelle, et sera punie de mort.

Art. 6. — Tout commandant militaire prévenu des délits mentionnés aux articles 2 et 5 sera traduit devant un conseil de guerre extraordinaire, en conséquence du rapport que nous fera notre ministre de la guerre à la suite d'une enquête.

Le décret du 24 décembre 1811, auquel se réfère le précédent, porte les dispositions ci-après :

Art. 110. — Tout gouverneur ou tout commandant à qui nous avons confié l'une de nos places de guerre, doit se ressouvenir qu'il tient dans ses mains un des boulevards de notre empire ou l'un des points d'appui de nos armées, et que sa reddition, avancée ou retardée d'un seul jour, peut être de la plus grande conséquence pour la défense de l'État et le salut de l'armée. En conséquence, il sera sourd à tous les bruits répandus par l'ennemi ou aux nouvelles directes ou indirectes qu'il lui ferait parvenir, lors même qu'il voudrait lui persuader que les armées sont battues et la France envahie ; il résistera à ses insinuations comme à ses attaques ; il ne laissera point ébranler son courage ni celui de la garnison.

Art. 118. — Tout gouverneur tué sur la brèche ou mort de ses blessures après une défense honorable sera inhumé avec les mêmes honneurs que les grands officiers de la Légion d'honneur, son traitement de retraite sera réversible sur sa famille, et ses enfants obtiendront les premières places vacantes dans les institutions publiques. Nous nous réservons de pensionner et placer dans les mêmes institutions les enfants des militaires tués ou morts de leurs blessures dans la défense des places.

Le 17 septembre, le général en chef complète cet ordre.

L'ordre du jour de l'armée du 1er juin a fait connaître le décret de S. M. du 1er mai dernier, qui détermine le cas où les généraux ou commandants militaires peuvent capituler , et la manière dont seront jugés et punis ceux qui capituleraient hors le cas où la capitulation est permise.

S. E. le ministre de la guerre, par sa dépêche du 29 juin dernier, donne connaissance au général en chef de l'intention dans laquelle il est que ce décret soit connu de toute l'armée, vu l'importance des motifs qui l'ont dicté.

Si une capitulation a lieu, elle doit être fondée sur des motifs louables et qui ne blessent en rien l'honneur des armes et la loyauté des officiers qui la signeront. Mais une capitulation qui décèlerait ou de l'imprévoyance de la part du commandant et dont le résultat serait de procurer des avantages à l'ennemi, avant d'avoir épuisé tous les moyens possibles de défense, une semblable capitulation est un crime.

Le général en chef pense que tous les commandants militaires sont trop attachés à l'honneur impérial et au leur propre pour ne pas faire, dans le cas où ils seraient attaqués, tout ce que S. M. a le droit d'attendre d'eux.

Le décret du 1er mai sera de nouveau mis à l'ordre, inscrit sur les registres d'ordre des corps et lu plusieurs fois de suite à la tête de toutes les compagnies, MM. les officiers présents.

Toutes les fois qu'un officier ira prendre le commandement d'un poste militaire, il lui sera remis une copie de ce décret vu par le chef d'état-major général, ou par le chef d'état-major de la division à laquelle il appartient, ou par le chef de corps ou détachement dont il fait partie.

La suite de quelques ordres concernant des mutations, s'adressent spécialement à la cavalerie.

Au quartier général de Vittoria, le 19 juin 1812.

L'armée est prévenue qu'en vertu de la décision de S. M., M. le colonel Cadroy a été puni d'un mois d'arrêts dans une citadelle, pour avoir, dans une remonte du 20e régiment de chasseurs qu'il commandait, procédé d'une manière irrégulière et dont il est résulté que plusieurs chevaux ont été reconnus impropres au service.

24 juin 1812. — Dans les inspections de détail que j'ai passées des détachements et des corps entiers, j'ai dû être mécontent du grand nombre de chevaux blessés. On peut en attribuer la cause à ce que généralement les hommes ne sont point assez surveillés dans la manière de seller, aussi à ce qu'il est peut-être nécessaire de faire changer des bois de selles, mais plus encore à l'oubli des précautions indispensables dans les marches.

Les haltes ayant pour objet aussi de faire replacer les couvertes et sangler de nouveau le cheval.

Dans les marches, et telle soit la force des détachements, les chevaux doivent être inspectés, le soir, par l'officier qui commande.

J'engage MM. les chefs de corps à exiger à cet égard la plus grande surveillance.

Je rappelle qu'indépendamment du bon entretien de la ferrure, chaque homme à cheval doit être pourvu de quatre fers et soixante-dix clous de réserve.

Le Général de brigade,
Commandant la cavalerie de l'armée,

Baron DE LA FERRIÈRE.

Pour copie conforme :

L'Officier faisant fonctions d'aide de camp,

Signé : DELUPPÉ.

28 juin 1812. — S. E. le ministre de la guerre a chargé le général en chef de témoigner sa satisfaction à MM. le colonel Darquié, Mosnier, chef de bataillon au 3e régiment de tirailleurs, aux officiers et aux troupes sous leurs ordres, de la belle conduite qu'ils ont tenue dans l'affaire du 15 mai à Ormastegui, lorsque la bande de Mina voulut attaquer un convoi de fonds que ces troupes escortaient.

Le général en chef espère, sous peu, faire connaître à l'armée la satisfaction de S. E. le ministre de la guerre, pour l'activité, la bravoure, le succès avec lesquels l'armée de Mina a été attaquée le 25 mai dernier et le 22 du courant; pour les belles affaires que ces mêmes troupes, sous les ordres des mêmes officiers, ont eues avec cette bande à Santa-Cruz de Campeso et, en dernier lieu, à Acedo, affaire dans laquelle toute la bande réunie, composée de 5 bataillons d'infanterie et de 550 chevaux, a été mise par notre infanterie dans la déroute la plus plus complète et a éprouvé une perte de 600 hommes et de 200 chevaux. Mina a été blessé d'un coup de feu à la cuisse le 25. Ces succès sont dus à la bravoure et à la persévérance des troupes, au bon esprit des officiers et aux bonnes dispositions des chefs.

Le général en chef s'empresse de faire mention de la conduite des troupes de la Navarre, commandées par MM. les généraux Abbé, Soulier et Cassand ; elles ont aussi battu l'ennemi le 23 à Guenebilla, dans la vallée de Santa-Cruz. Une charge de cavalerie, commandée par M. Dupré, capitaine au 15e de chasseurs, a eu le succès le plus brillant.

Les rapports de toutes ces affaires ont été mis sous les yeux de S. M.

Le général en chef invite les chefs de corps à continuer de s'occuper avec soin du bien-être des soldats, et surtout des plus jeunes, d'allier la douceur à la fermeté, et de veiller à leur santé. Déjà, leurs soins ont produit de bons résultats ; ils en obtiendront de plus grands en les continuant avec zèle.

Les historiques régimentaires ont toujours été une des préoccupations de l'Empereur.

1er juillet 1812. — MM. les chefs de corps voudront bien m'adresser dans le plus bref délai, en double expédition, un cahier contenant les états suivants :

1° L'état nominatif des militaires désertés (les signaler en détail), ou avoir soin de désigner le lieu et la date de la désertion, avec ou sans armes et bagages, à la colonne d'observations ; il sera expliqué si la désertion a eu lieu à l'ennemi ;

2° Un état nominatif de MM. les officiers et un numérique des sous-officiers et cavaliers tombés au pouvoir de l'ennemi ; il sera dit où cela a eu lieu ;

3° Un état numérique des hommes tués par l'ennemi et morts dans les hôpitaux ;

4° Un état des militaires condamnés ou acquittés par jugements des conseils de guerre et commissions militaires. Il ne faudra pas omettre de porter le crime dont les hommes ont été accusés, et la peine qui a été infligée ;

5° Un état sommaire, nous en indiquant les dates, des chevaux morts, avec désignation si c'est par maladie ou fatigue, tués ou pris par l'ennemi ;

6° Un état journalier indiquant la position ou l'emplacement du corps, le service qu'il a fait, les détachements qu'il a fournis (citer l'officier qui commande), où ils ont été. Indiquer leur retour, s'ils ont vu l'ennemi, le mal qu'ils lui ont fait, leur perte, la subsistance journalière des hommes et des chevaux.

Il sera fait, à la suite, un rapport technique des principaux événements ; on citera nominativement les militaires de tous grades, qui se sont réellement distingués.

Ces états et le rapport historique, indiqués pour la contexture de ce cahier, devront être faits à partir du 1er janvier jusqu'à ce jour.

A l'avenir, ils me seront adressés dans les trimestres. Il n'est rien changé aux rapports des cinq jours.

Je ne saurais trop recommander à MM. les chefs de corps d'apporter les plus grands soins et la plus grande régularité dans la confection de ces états, qui seront destinés à former l'historique demandé par S. E. le ministre de la guerre.

Le Général de brigade,
Commandant la cavalerie de l'armée,

Signé : Baron DE LA FERRIÈRE.

Au quartier général, à Vittoria, le 20 juillet 1812.

L'escadre, commandée par sir Home Popham, cherchait à s'emparer, depuis plusieurs jours, d'un poste sur la côte et, après avoir canonné infructueusement Portugalette, elle se dirigea sur Castro, qu'elle canonna également les 6 et 7 de ce mois.

Le général Duvernet, qui manœuvrait pour marcher au secours de Castro, rencontra l'ennemi le 6 et le battit complètement. Le 7, il se porta sur Castro et combattit un corps nombreux d'insurgés que les Anglais avaient appelés à concourir à la prise de cette ville, et il le força à la retraite. Ayant été obligé, faute de vivres, de s'éloigner un peu, la nuit du 7 les Anglais recommencèrent l'attaque, détruisirent les défenses et une partie de la ville et obligèrent la faible garnison à se rendre.

Après cette opération, l'escadre anglaise se porta de nouveau sur Portugalette et mouilla dans la rade le 10. Le général Soulier, qui se trouvait, le 7, à Guetaria, ayant été instruit par le général Ronget, commandant à Bilbao, des mouvements de l'ennemi, jugea très bien que son projet était de s'emparer de Bilbao. Il partit le 8 au matin de Guetaria, arriva, après une marche très longue et très pénible, le 8 à Durango, entra le 9 au matin à Bilbao. Le 10, Portugalette fut attaquée par l'escadre anglaise avec la plus grande vivacité, tandis qu'un corps de 4,000 à 5,000 hommes, posté à Somorostro, cherchait à tourner la ville. Portugalette fut bien défendue par les troupes venues de Bilbao, avec ordres du général Ronget, tandis que le général Soulier se portait sur Somorostro. Il trouva l'ennemi dans une très belle position, mais il l'attaqua avec tant de vivacité avec les 3e, 52e, 105e et 28e régiments, dont il avait des détachements sous ses ordres, qu'il le mit, en un instant, dans la déroute la plus complète, lui tua plus de 200 hommes, prit 400 fusils anglais tout neufs et une grande quantité d'effets d'habillement, de linge, que les ennemis abandonnaient pour fuir plus rapidement.

Le général Soulier ayant ensuite fait sa jonction avec le général Duvernet, ils se sont occupés de faire arriver à Santona un convoi d'argent et de munitions.

L'escadre anglaise, toujours en correspondance avec les insurgés, a cherché, de nouveau, à s'emparer de Guetaria. Elle est venue mouiller devant ce rocher le 14 de ce mois ; elle espérait être secondée par les bandes de la Navarre et de Guipuscoa, qui se rendaient vers ce point. Le 15, les Anglais canonnèrent et bombardèrent tout le jour et le lendemain ce poste, défendu par plusieurs batteries et une garnison de 400 hommes du 40e régiment, commandée par M. Lalonde, chef de bataillon. Mais, des troupes arrivées de Bayonne sous les ordres du général Anssenac, ayant fait deux marches forcées, chassèrent l'ennemi de sa position en marchant sur lui à la baïonnette et attaquèrent de même sans

*

délibérer les troupes débarquées par l'escadre anglaise, tandis que le chef de bataillon Lalonde, faisant une vigoureuse sortie, lui tuait et blessait beaucoup de monde et lui prenait cinq pièces de canon et 35 hommes anglais, dont 3 officiers ; le reste s'est embarqué précipitamment. Une circonstance remarquable, c'est que tandis que l'escadre anglaise était au mouillage, on a trouvé moyen de faire passer sous ses yeux, de Saint-Sébastien à Guetaria, huit barques chargées de vivres, d'un mortier et de munitions.

Le résultat des opérations d'une aussi forte escadre, appuyée d'un aussi grand nombre d'insurgés, se borne donc à avoir échoué trois fois devant Guetaria, à la destruction de deux mauvais postes incapables de résister au feu de l'artillerie, et à détruire, sans but, une portion de Portugalette. On a ramassé plus de 2,000 boulets trouvés dans la ville ; nous n'avons eu que 12 hommes blessés.

Le général en chef se plaît à rendre justice à la bravoure et à la fermeté des troupes, au zèle et à l'activité de MM. les officiers généraux et des corps. Les militaires qui se sont particulièrement distingués, lui seront désignés afin d'appeler sur eux la bienveillance de S. M.

Le Général en chef,
Comte Caffarelly.

Pour ampliation :
Le Général, chef d'état-major général,
Signé : Baron Le Camus.

Au quartier général à Vittoria, le 20 septembre 1812.

Il s'est élevé des plaintes contre des commandants de place, en raison des vexations que beaucoup d'entre eux exercent contre les habitants et plus particulièrement contre les alcades. Ceux-ci assurent que les commandants exigent qu'ils pourvoient abondamment à la dépense de leurs tables, soit en argent, soit en denrées et que, lorsque ces officiers ne sont point satisfaits, ils ajoutent aux charges qui pèsent sur les communes en exigeant d'elles de nouveaux sacrifices, auxquels des travaux de petites fortifications locales servent ordinairement de prétexte.

Le général en chef se persuade que ces plaintes ont été exagérées et que le plus grand nombre des officiers pensent trop bien pour y avoir donné lieu. MM. les officiers généraux et commandants d'arrondissement continueront à veiller à ce qu'aucun des abus dont se plaint S. E. le ministre de la guerre, ne se commette dans l'arrondissement de l'armée, et ceux qui auraient le malheur de s'en rendre coupables, seraient très sévèrement punis.

Le général s'empresse de faire connaître à S. E. la satisfaction qu'il éprouve, qu'aucun abus de cette nature ne lui ait été formellement dénoncé.

Il y a deux ordres, l'un pour la fête, l'autre pour le couronnement de l'Empereur.

Vittoria, le 12 août 1812.

La fête de S. M. l'Empereur des Français, roi d'Italie et Protecteur de la Confédération du Rhin, sera célébrée dans toute l'étendue de l'armée.

Après-demain 14, la veille de la Saint-Napoléon, au coucher du soleil, dans toutes les places et forts occupés par les troupes françaises, il sera tiré des salves d'artillerie.

Le 15, au lever du soleil, pareille salve annoncera ce jour mémorable. Il sera chanté un *Te Deum* et il y aura messe et grande parade, à midi ; au soleil couchant, pareilles salves seront tirées.

MM. les généraux gouverneurs et commandants de place donneront à cette fête toute la pompe que les circonstances et localités permettront ; il y aura illumination.

La troupe recevra double ration.

Le Général, chef d'état-major général,
Signé : Baron Semery.

Le dernier ordre de l'armée concerne les fêtes en l'honneur de l'anniversaire du couronnement.

Pour célébrer le couronnement de l'Empereur et Roi, il sera tiré quatre salves d'artillerie de vingt et un coups de canon chacune :

La 1re, au 1er décembre, au coucher du soleil ;

La 2e, le 2 décembre, au lever du soleil ;

La 3e, le 2 décembre, pendant le *Te Deum* ;

La 4e, le 2 décembre également, au coucher du soleil.

On sonnera les cloches pendant toutes les salves d'artillerie. Le 4, il sera chanté un *Te Deum* à l'église Sainte-Claire. Les autorités civiles et militaires se réuniront chez M. le gouverneur à 10 heures et demie pour se rendre ensuite à cette cérémonie.

Les troupes recevront une ration d'eau-de-vie le matin et double ration d'eau-de-vie le soir.

La ville sera illuminée la soirée du 2.

Signé : *Le Général gouverneur,*
Thouvenot.

Pour copie conforme :
Deluppé.

Voici en quels termes la conspiration de Malet a été annoncée aux troupes :

Au quartier général de Burgos, le 8 novembre 1812.

Les ex-généraux Malet, Lahorie et Guidal, chassés de l'armée pour leur mauvais esprit et pour avoir trempé dans une conspiration, auxquels S. M. avait daigné faire grâce, ont cherché à troubler la tranquillité de Paris en répandant faussement la nouvelle de la mort de l'Empereur. Ils se sont portés chez le ministre de la police et chez le général Hullin, commandant la division. Ils ont commis des violences envers eux ; mais c'est le seul attentat qu'ils aient pu commettre. Ils ont été arrêtés sur-le-champ et ont déjà subi, sans doute, la peine de leur crime.

C'est le 23 octobre, jour où l'armée du Nord se couvrait de gloire à Villadrigo, que ces scélérats ont cherché à troubler l'ordre public.

Toutes les tentatives contre la tranquillité publique échoueront de même. L'Empereur poursuit le cours de ses exploits et les Français ne souffriront pas que de moindres intrigues en arrêtent le cours.

Au quartier général à Vittoria, le 1er février 1813.

Le Général de brigade, commandant la cavalerie de l'armée,
A M. le chevalier Faverot, colonel du 15e régiment de chasseurs à cheval.

Monsieur le Colonel, j'ai dû rendre compte à S. E. le général en chef de la désertion qui a eu lieu dans votre régiment. Elle me charge de vous témoigner, à la fois, son étonnement et son mécontentement.

Personne n'avait pu croire que des transfuges à l'ennemi sortent précisément d'un corps signalé tant de fois par sa discipline et sa conduite à la guerre.

S. E. vous prescrit de prendre des informations les plus scrupuleuses sur les causes de ces désertions et de lui en rendre compte. Elle vous recommande de prendre tous les moyens de la prévenir désormais. Cette recommandation est dans les intérêts et l'honneur du corps.

Toutefois, S. E. aime à vous rendre personnellement la jutice de croire que le premier vous avez fait tout ce que le devoir vous imposait pour arrêter des délits aussi graves.

Vous voudrez bien mettre ma lettre à l'ordre de votre régiment.

J'ai l'honneur de vous saluer avec considération.

Signé : Baron de Laferrière.

Vittoria, le 16 février 1813. — Le général en chef fait connaître à l'armée la belle conduite des troupes de la division Abbé contre Mina. Le 28 du 'mois dernier, le général Abbé revenant de Taffalla avec un convoi fut attaqué entre cette ville et le Carascal, par la bande entière de Mina, qui, était de beaucoup supérieure et qui avait coupé le pont de Mendivil. L'affaire commença très durement. Les attaques de l'ennemi furent constamment repoussées et il fut chassé de toutes ses positions avec une perte très considérable. M. Jacquessa, major commandant le 52ᵉ régiment, a donné, en cette circonstance, une nouvelle preuve de son talent et de sa réputation.

Le 5 et le 6 du courant, le général (illisible) rencontra près Dormosteyage, une partie de cette même bande, qui était en position sur le chemin de Villago à Ségura. Une feinte adroite attira presque toute cette troupe sous le feu de l'infanterie et lui fit éprouver une perte considérable, qui la déconcerta tellement qu'elle prit honteusement la fuite et se sauva sur les hauteurs.

Le 11, la division Palombini, qui occupa Voza, se trouva attaquée à la pointe du jour par toute la bande de Longa. Dès la veille, les 2/3 de cette division étaient partis pour aller en reconnaissance sur divers points et Longa, fort de près de 4,000 hommes, s'attendait à un avantage certain. Mais le bruit de la fusillade ayant fait revenir sur leurs pas les troupes qui étaient en reconnaissance et celles-ci étant arrivées sur les flancs de l'ennemi, les mirent dans une déroute complète.

La garnison de Santo-Domingo a été attaquée, le 13 à 2 heures et demie du matin, par les miliciens de Logroño, qui espéraient emporter la ville par escalade. Mais la garnison se défendit avec une telle vigueur que l'ennemi fut obligé de fuir, abandonnant les échelles et emportant ses morts et ses blessés.

Il sera payé un mois de solde à l'armée. Le général en chef est rappelé auprès de la personne de S. M. Le général Clauzel a été nommé pour le remplacer.

Le nouveau général en chef fait connaître quelques mutations survenues dans l'année, donne des indications sur l'établissement et l'envoi des rapports.

Au quartier général à Vittoria, le 6 mars 1813.

Le sieur Lejeune, capitaine au 10° régiment d'infanterie légère, chargé du commandement et de la défense du fort de Tafalla, après la mort du commandant (illisible), lieutenant de gendarmerie, qui a été tué à son poste, sera traduit par-devant un conseil de guerre pour avoir capitulé et rendu la place sans avoir soutenu un assaut, ayant encore des vivres, des munitions, 10 officiers et 250 hommes de troupe en état de se battre.

Cet officier n'a pas fait son devoir.

Le Général en chef,

Baron Clauzel.

En plusieurs circonstances, le général en chef exprime son mécontentement de ce que ses ordres, en ce qui concerne les fourrages, les remontes, le harnachement, ne sont pas exécutés. A la date du 13 octobre, ils sont signés : Le comte de Cassac, P. C. C., le lieutenant-général comte Gazan et l'adjudant-commandant Chamont. Ils sont datés de Saint-Jean-de-Luz. La solde était toujours arriérée.

Le livre a une page blanche, puis contient l'ordre suivant :

Le Maréchal d'Empire, lieutenant-général de l'Empereur, commandant les armées de S. M. en Espagne et aux Pyrénées,

Ordonne :

Art. 1er. — Tous soldats de l'armée qui sont armés (*sic*) seront arrêtés et il sera informé contre eux, conformément aux lois militaires ; ceux qui seront convaincus d'avoir abandonné leurs armes devant l'ennemi, seront immédiatement traduits devant le conseil militaire.

Art. 2. — Les soldats du train de l'artillerie qui ont abandonné, par leur faute, des caisses de cartouches ou des mulets de bât, seront également arrêtés et traduits devant la commission militaire.

Art. 3. — Les employés des hôpitaux ou cantiniers, qui ont abandonné des effets d'ordonnance, seront aussi arrêtés et livrés à la commission militaire.

Art. 4. — Tout soldat d'infanterie, qui conduira un cheval, mulet ou baudet, sera arrêté, conduit à son corps et l'animal qu'il conduisait sera confisqué pour être utile au service de l'armée auquel il sera propre ou détruit, quel que soit le propriétaire. Le rapport, qui devra en être fait, désignera les officiers qui se seront permis de disposer des soldats qui sont sous leur commandement pour les faire servir comme domestiques, afin qu'il leur soit infligé des peines de discipline.

Art. 5. — Toutes les permissions qui ont été accordées jusqu'à ce jour, aux capitaines, lieutenants et sous-lieutenants d'infanterie pour tenir des chevaux, sont annulées.

Les officiers qui ont droit ou motif de conserver un cheval devront obtenir une nouvelle permission du maréchal commandant en chef pour avoir le droit d'en conserver. Ceux qui n'auront pas obtenu cette permission passé le 5 de ce mois, auront leurs chevaux, mulets ou baudets confisqués.

Art. 6. — Il est ordonné au général commandant la force publique, grand prévôt de l'armée ; tout soldat vaquant isolément et ceux qui, sans motifs légitimes, seront absents de leur compagnie, pour y être reconduits (*sic*). Il rendra compte, tous les jours, au maréchal commandant en chef du nombre d'hommes qu'il aura fait arrêter ou reconduire, en désignant avec soin les numéros des régiments auxquels ils appartenaient, ainsi que les chefs et généraux qui les commandent.

Art. 7. — Le maréchal commandant en chef ordonne qu'à compter du 3 de ce mois, tous les généraux de l'armée lui adressent directement le relevé des appels journaliers devant être faits dans les corps sous leurs ordres et qu'il y soit fait mention de l'absence prolongée ou de la rentrée des militaires qui auraient manqué aux appels précédents.

Art. 8. — M. le général commandant la force publique, grand prévôt de l'armée, est responsable, en ce qui est de son devoir, de l'exécution du présent ordre, lequel sera mis à l'ordre de l'armée.

Au quartier d'Estralar, le 1er août 1813.

Signé : Le Maréchal duc DE DALMATIE,

Lieutenant-général en chef de l'état-major de l'armée.

4 août 1813. — Le Maréchal d'Empire, lieutenant-général de l'Empereur, commandant les armées de S. M. en Espagne et aux Basses-Pyrénées,

Vu l'arrêté du 20 juillet dernier sur la police militaire de l'armée et, en exécution de l'article 10,

Ordonne :

Art. 1er. — Sont nommés membres de la commission prévôtale et permanente :

Le colonel Thouvenot, chef de légion de gendarmerie, président,

Le chef d'escadron de gendarmerie Mendiri, membre,

Le chef d'escadron de gendarmerie Vilder, membre,

Le capitaine Lamotte, adjoint à l'état-major, membre,

Le capitaine Thomas, adjoint à l'état-major, membre,

Le capitaine Saint-Elme, adjoint à l'état-major, rapporteur.

Art. 2. — La commission prononcera sur tous les délits qui seront soumis, conformément au décret impérial du 27 mai 1807, lequel applique la peine de mort pour les cas suivants :

L'abandon de son poste pour se livrer au pillage,

La désertion de toute espèce,

La désobéissance en face de l'ennemi,

L'insubordination de toute espèce,

La maraude de toute espèce,

Le pillage de toute espèce,

L'incendie, lorsqu'il n'aura pas été ordonné spécialement par les chefs.

Art. 3. — La commission prononcera la peine des fers, conformément à l'article du 21 brumaire an V, contre tout militaire qui aura jeté ses armes en présence de l'ennemi et, si l'exemple a été suivi et que cette action infâme ait pu porter au désordre dans les rangs, la commission prononcera la peine de mort.

Art. 4. — La commission prononcera également la peine des fers ou de mort, suivant la gravité du cas, contre tous les militaires ou individus à la suite de l'armée qui auront excité du désordre, fait prendre, exposé en compromis par leur faute des munitions de guerre, des effets d'ambulance ou des convois de subsistances.

Art. 5. — La commission informera aussi au criminel contre tout militaire ou individu à la suite de l'armée qui aura facilité l'évacuation d'un prisonnier de guerre ou qui n'aura pas empêché celui étant en son pouvoir.

Art. 6. — Les jugements de la commission seront sans appel ni révision.

Art. 7. — Le présent ordre sera adressé à toutes les divisions de l'armée et les trois jours de suite à la tête des compagnies. M. le général grand prévôt de l'armée veillera à son exécution ; il sera, en outre, imprimé ; et il sera adressé au ministre de la guerre ainsi que copie des ordres du 20 juillet dernier et 1er de ce mois, relatif à la police militaire en priant Son Excellence de vouloir bien les soumettre à l'approbation de l'Empereur.

Signé : Maréchal duc DE DALMATIE.

Pour copie conforme :
Le Général de brigade,
Sous-chef d'état-major de l'armée,
BOYER.

De nombreuses décisions sont prises et portées à la connaissance des troupes pour la distribution des cartouches, de l'eau-de-vie, de la viande, l'alignement des vivres, etc. Les appointements et soldes du mois de juillet 1813 seront payés aux officiers et soldats de l'armée.

Paris, le 30 août 1813. — M. le Maréchal, j'ai l'honneur de faire part à Votre Excellence qu'il nous arrive à l'instant une dépêche télégraphiée de Mayence qui nous annonce que, le 26, près de Dresde, l'Empereur a remporté une grande victoire sur les Autrichiens, les Russes et Prussiens, qui étaient commandés par leurs souverains. L'Empereur était arrivé de sa personne des rives de la Roher à Dresde, dans la nuit du 24 au 25. S. M. se portait bien, on attend des nouvelles officielles.

Agréez, etc.

Le Ministre de la police,
Signé : Duc DE ROVIGO.

Cette lettre a été communiquée à l'armée sans être suivie d'aucun commentaire.

L'état-major général est établi à Saint-Jean-de-Luz. Les derniers ordres ont rapport au maintien de la discipline, au respect des personnes et des propriétés.

Celui qui porte la date du 10 octobre, annonce que les appointements et la solde du mois d'août seront payés à la caisse du payeur de l'armée à Bayonne.

Victorieuse le 16 octobre à Leipzig, mais inopinément abandonnée et attaquée par les Saxons, au milieu de la bataille du lendemain, l'armée française dut songer à la retraite. Malgré la défection de tous ses alliés, on la vit culbuter, à Hanau, les Austro-Bavarois, qui prétendaient lui barrer le passage et, vers le commencement de novembre 1813, elle vint se réorganiser sur la rive gauche du Rhin.

L'Empereur, déterminé à remettre sur le trône de Charles IV, le prince Ferdinand retenu à Valençay, rappela successivement ses vieilles troupes d'Espagne. Le livre d'ordres est terminé à cette date.

Quelle satisfaction l'on a éprouvée à lire ces prescriptions! La jeune armée trouvera, dans leur analyse, un enseignement utile, se rendra compte de la grave responsabilité qui pesait alors et qui pèsera toujours sur le commandement. Les cavaliers apprendront des vieux cadres qui, comme le dit Henry Houssaye dans *1814*, avaient conquis l'Europe en chantant, les grands sentiments d'insouciance dont est fait l'esprit militaire.

Quoique séparés de nous par plus d'un demi-siècle, les faits que l'on a rapportés entretiendront peut-être le souvenir d'une époque si féconde en événements militaires. On se rendra compte, une fois de plus, que la discipline ne peut être strictement établie et maintenue, dans toutes les circonstances, que par des chefs assez énergiques pour faire comprendre à leurs subordonnés qu'au premier rang de leurs devoirs, ils doivent placer l'obéissance complète, ardente, dévouée, inspirée par l'amour de la Patrie.

Quelle que soit l'exiguïté de son cadre, on trouvera dans cette étude des principes de commandement, dont l'importance n'échappera pas aux personnes qui s'intéressent à la bonne constitution de l'armée, à sa solidité, à sa réputation.

On ne peut mieux la terminer qu'en empruntant une citation aux *Rêveries* du maréchal de Saxe :

« Quoique ceux qui s'occupent des détails passent pour des gens bornés, il me paraît pourtant que cette partie est essentielle, parce qu'elle est le fondement du métier, et qu'il est impossible de faire aucun édifice, ni d'établir aucune méthode, sans en savoir les principes. Je me servirai ici d'une comparaison. Tel homme, qui a du goût pour l'architecture, et sait dessiner, qui fera très bien le plan et le dessin d'un palais ; faites-le-lui exécuter : s'il ne sait pas la coupe des pierres, s'il ne sait pas asseoir ses fondements, tout l'édifice s'écroulera bientôt. »

Nancy, imprimerie Berger-Levrault et Cie.